角川《かどかわ》つばさ文庫版《ぶんこばん》

母《かあ》さんがどんなに僕《ぼく》を嫌《きら》いでも

歌川《うたがわ》たいじ・著
ののはらけい・絵

角川つばさ文庫

目次《もくじ》

人物紹介《じんぶつしょうかい》

たいじ

この本《ほん》の主人公《しゅじんこう》。
絵《え》と文章《ぶんしょう》を書《か》くのがとくい。

母《かあ》さん

たいじの母《はは》。
人《ひと》の心《こころ》をつかむのが
うまい人気者《にんきもの》だけど…？

ばあちゃん

たいじの父《ちち》の工場《こうじょう》で働《はたら》く。
たいじの最大《さいだい》の味方《みかた》。

キミツ

たいじの親友《しんゆう》。
悪魔《あくま》のように口《くち》がわるい。

かなちゃん&《アンド》大将《たいしょう》

たいじと
なかよくなる、
すてきなカップル。

プロローグ　〜天国《てんごく》にいる母《はは》に、もう一度会《いちどあ》えたら

もしも、天国《てんごく》にいる母《はは》に、もう一度会《いちどあ》うことがあったなら、

「ねえ、まぜごはん作《つく》ってよ」

と、僕《ぼく》は言《い》うんじゃないかと思《おも》うんです。

みなさんは、「まぜごはん」を、ごぞんじですか？

僕《ぼく》が育《そだ》った東京《とうきょう》の下町《したまち》では、だれもが知《し》っている、ごくごくありふれた家庭料理《かていりょうり》なんです。

ごぼう、れんこん、にんじん、油揚《あぶらあ》げ、しいたけ、鶏肉《とりにく》をこまかくきざみ、醤油《しょうゆ》と砂糖《さとう》で甘辛《あまから》く煮《に》て、それを炊《た》きたてのごはんに、まぜあわせたものです。

これに、ゆでた絹《きぬ》さやや、錦糸卵《きんしたまご》、きざんだ海苔《のり》をかけていただきます。

煮物《にもの》のうまみが、ごはんにしみこんで、最高《さいこう》なんです。

僕《ぼく》は毎年《まいとし》、母《はは》の命日《めいにち》には、まぜごはんを作《つく》って、亡《な》くなった母《はは》を思《おも》いだしています。

まだ小《ちい》さかったころ、母《はは》が作《つく》ってくれるまぜごはんがおいしくて、何杯《なんばい》もおかわりしていました。

こんなにおいしいまぜごはんを作《つく》ってくれる母《はは》のことが、それはそれは大好《だいす》きでした。

この世《よ》でいちばん尊敬《そんけい》する人《ひと》だったんです。

なのに10代《だい》になると、僕《ぼく》は母《はは》とはげしく憎《にく》みあい、さんざん傷《きず》つけあったあげく、17歳《さい》で家《いえ》を飛《と》びだしてしまいました。

そして、母《はは》とははなれた場《ば》所《しょ》で、僕《ぼく》は大人《おとな》になりました。

ずいぶん長《なが》いこと会《あ》わなかったし、母《はは》のことなんか、思《おも》いだしたくもないと思《おも》っていました。

僕《ぼく》の体《からだ》と心《こころ》に消《き》えない傷《きず》を負《お》わせた母《はは》が、どうしてもゆるせなかったからです。

そんな憎《にく》しみを抱《かか》えて生《い》きていながらも、母《はは》のまぜごはんが大好《だいす》きなことには変《か》わりありませんでした。

食《た》べたかったら、母《はは》が作《つく》ってくれたまぜごはんと、同《おな》じ味《あじ》のまぜごはんを自分《じぶん》で作《つく》れるようになるしかなかった。

何回《なんかい》も失敗《しっぱい》を重《かさ》ねましたが、今《いま》ではもう、すっかり母《はは》と同《おな》じ味《あじ》に作《つく》れます。

友人《ゆうじん》たちも、おいしいと大絶賛《だいぜっさん》してくれます。

すでに、母《はは》の味《あじ》を超《こ》えたかもしれません。

でも、母《はは》が僕《ぼく》のために作《つく》ってくれたまぜごはんを、もう一度《いちど》食《た》べたい。

何歳《なんさい》になっても、やっぱり、そう思《おも》うんです。

1 僕《ぼく》の家《いえ》は、小《ちい》さな町工場《まちこうば》

２０１２年《ねん》、僕《ぼく》が生《う》まれ育《そだ》った町《まち》に、東京《とうきょう》スカイツリーができました。

それにともなって、もより駅《えき》の名前《なまえ》が「業平橋《なりひらばし》」から「とうきょうスカイツリー」に変更《へんこう》されました。

そのニュースをテレビで見《み》たとき、

「うわぁ、地元《じもと》だよ、地元《じもと》！」

と、思《おも》わず僕《ぼく》はつぶやいてしまいました。

僕《ぼく》が子《こ》ども時代《じだい》をすごしたのは、業平橋《なりひらばし》の駅《えき》のすぐそば。

そのころは、この町《まち》にめぼしいものなんて、なんにもありませんでした。

コンビニもなく、ファミレスもない時代《じだい》でしたから、木造《もくぞう》の家《いえ》や小《ちい》さな町工場《まちこうば》が、ただただ建《た》ちならんでいるだけの町《まち》だったんです。

こんな町《まち》に東京《とうきょう》スカイツリーが建《た》つだなんて、当時《とうじ》、だれが想像《そうぞう》できたでしょう。スカイツリーはとてつもなく高《たか》いタワーなので、東京《とうきょう》じゅうのあちこちから見《み》えますが、それがあの町《まち》に建《た》っているなんて、いまだにしっくりきません。

この町《まち》にたくさんあった小《ちい》さな工場《こうじょう》のひとつが、僕《ぼく》の父《ちち》が経営《けいえい》していた工場《こうじょう》で、その2階《かい》が僕《ぼく》の住《す》まいでした。

学校《がっこう》から帰《かえ》ってくると僕《ぼく》はいつも、まず工場《こうじょう》の従業員《じゅうぎょういん》の人《ひと》たちに「ただいま」と言《い》ってから、2階《かい》にある住《す》まいに入《はい》っていきました。

20人《にん》ほどの工場《こうじょう》の人《ひと》たちはみんな、いそがしくても笑顔《えがお》で「おかえり」と言《い》ってくれました。みんな、僕《ぼく》にとっては家族《かぞく》も同然《どうぜん》の人《ひと》たちだったんです。

小学生《しょうがくせい》のころ、僕《ぼく》はいじめられっ子《こ》でした。

クラスメイトたちは隅田川沿《すみだがわぞ》いの大《おお》きな公園《こうえん》に集《あつ》まって、ドッジボールやサッカーや野球《やきゅう》や泥警《どろけい》（または警泥《けいどろ》。鬼《おに》ごっこの一種《いっしゅ》）をやったり、池《いけ》でザリガニや小魚《こざかな》を捕《つか》まえたりして遊《あそ》んでいましたが、僕《ぼく》は工場《こうじょう》のすみっこで、ひとりで遊《あそ》んでいることが多《おお》い子《こ》どもだったんです。

父《ちち》の工場《こうじょう》は紙《かみ》を加工《かこう》する工場《こうじょう》だったので、あまった紙《かみ》が山《やま》のようにありました。

それを工場《こうじょう》の人《ひと》が、僕《ぼく》が遊《あそ》びやすいように裁断《さいだん》してくれて。

子《こ》どもが落書《らくが》きする紙《かみ》としてはとても贅沢《ぜいたく》な、上質《じょうしつ》な紙《かみ》ばかりでした。

プロのイラストレーターが、作品《さくひん》を描《か》くときに使《つか》うような紙《かみ》だったんです。

僕《ぼく》は1日《にち》に何時間《なんじかん》も、その紙《かみ》にお話《はなし》を書《か》いたり、絵《え》を描《か》いたりして遊《あそ》んでいました。

自分《じぶん》で考《かんが》えた怪獣《かいじゅう》が、自分《じぶん》で考《かんが》えたヒーローと決闘《けっとう》するようなお話《はなし》を、たくさん作《つく》っていたんです。

まぁ、そんなことばかりしていたわりには、国語《こくご》の成績《せいせき》も図工《ずこう》の成績《せいせき》もよくなかったんですが。

でも、工場《こうじょう》の人《ひと》たちは、僕《ぼく》の作《つく》ったお話《はなし》を、いつもほめてくれました。

ゲーム機《き》なんて、いらなかった。

紙《かみ》と鉛筆《えんぴつ》と工場《こうじょう》の人《ひと》たちさえいれば、僕《ぼく》は何時間《なんじかん》でも遊《あそ》んでいられたんです。

2 美《うつく》しい母《はは》のもうひとつの顔《かお》

「お母《かあ》さんは、どんな人《ひと》でしたか？」

そう聞《き》かれると僕《ぼく》はいつも、

「母《はは》は美《うつく》しい人《ひと》でした」

と答《こた》えます。

小学校《しょうがっこう》の低学年《ていがくねん》のころ、美《うつく》しい母《はは》が、なによりの自慢《じまん》でした。

僕《ぼく》だけが母《はは》を美《うつく》しいと思《おも》っていたわけではなくて、いろいろな人《ひと》から、

「お母《かあ》さん、すごくきれいな人《ひと》ね」

と言《い》われる毎日《まいにち》だったんです。

「きれいなだけじゃなくて、上品《じょうひん》でセンスがいい」

とも、よく言《い》われていました。

そんな母《はは》が授業参観《じゅぎょうさんかん》にやってくると、

「あれ、だれのお母《かあ》さん？」

と、教室中《きょうしつじゅう》がざわつきました。

そんなときは、本当《ほんとう》にうれしかった。

母《はは》はなんでもワンランク上《うえ》をやる人《ひと》で、遠足《えんそく》や運動会《うんどうかい》などのお弁当《べんとう》は、いつもゴージャスでした。

おかずがいっぱいあって、盛《も》りつけもきれいだった。

クラスメイトのみんなが僕《ぼく》のお弁当《べんとう》をのぞきにきて、うらやましがっていたんです。

そして母《はは》は頭《あたま》の回転《かいてん》がとても速《はや》く、おしゃべりが上手《じょうず》だったので、近所《きんじょ》のおばさんたちにもとても人気《にんき》がありました。

みんな母《はは》に悩《なや》みを相談《そうだん》しにきては、母《はは》のありがたい説教《せっきょう》を聞《き》いて、感心《かんしん》してうなずきながら帰《かえ》っていくんです。

居間《いま》にお客《きゃく》さんがきていると、僕《ぼく》はいつも少《すこ》しだけドアを開《あ》けて、のぞいていました。

そこには、何回見《なんかいみ》てもあきない光景《こうけい》がありました。

信者《しんじゃ》みたいな近所《きんじょ》のおばさんの前《まえ》に、光《ひか》り輝《かがや》くカリスマである母《はは》が君臨《くんりん》していたんです。

「きれいで人格者《じんかくしゃ》のお母《かあ》さんの息子《むすこ》に生《う》まれて、本当《ほんとう》によかったわね」

近所《きんじょ》のおばさんたちは、口々《くちぐち》に僕《ぼく》にそう言《い》いました。

そんな母《はは》を、尊敬《そんけい》しないわけがありません。

母《はは》のいちばんの信者《しんじゃ》は、ほかでもない、この僕《ぼく》だったんです。

でも、美《うつく》しくて、センスがよくて、料理《りょうり》が上手《じょうず》で、人格者《じんかくしゃ》の母《はは》には、もうひとつの顔《かお》がありました。

母《はは》は父《ちち》が経営《けいえい》する工場《こうじょう》の経理《けいり》をやっていて、朝《あさ》から夜《よる》まで、たいていは事務所《じむしょ》の中《なか》にいました。

僕《ぼく》は学校《がっこう》から帰《かえ》るといつも、母《はは》がイライラしていないかどうか、顔色《かおいろ》をうかがっていました。

ストレスが高《こう》じると母《はは》は、ちょっとしたことで僕《ぼく》をつき飛《と》ばしたりしたからです。

人前《ひとまえ》では上品《じょうひん》で高潔《こうけつ》で美《うつく》しい母《はは》が、人目《ひとめ》がないところでは、どこか不安定《ふあんてい》でぴりぴりした空気《くうき》を出《だ》していました。

ささいなことでも激怒《げきど》して、壁《かべ》まで吹《ふ》っ飛《と》ぶほど、僕《ぼく》をつき飛《と》ばしたりしました。

そのうえ、母《はは》の怒《いか》りのスイッチは、毎日《まいにち》クルクル変《か》わりました。

前《まえ》に同《おな》じことをしても叱《しか》られなかったのに、別《べつ》の日《ひ》には声《こえ》が出《で》なくなるほどぶたれました。

しかも、3歳年上《さいとしうえ》の姉《あね》は、ぜんぜんぶたれないのに、僕《ぼく》だけをひどくぶつんです。

そんな母《はは》の暴力《ぼうりょく》に、僕《ぼく》はとまどいをおぼえていました。

でも僕《ぼく》は、母《はは》が僕《ぼく》に暴力《ぼうりょく》をふるうことを、だれにも気《き》づかれてはいけないと思《おも》っていました。

それどころか、自分《じぶん》がドジなことをして母《はは》を怒《おこ》らせ、僕《ぼく》に暴力《ぼうりょく》をふるわなければならなくなることを、母《はは》にもうしわけないと思《おも》っていたんです。

カリスマとしての母《はは》の立場《たちば》を守《まも》らなければならないと、そう思《おも》っていました。

「おまえができそこないだから、お母《かあ》さんの評判《ひょうばん》が落《お》ちる」

姉《あね》にそう言《い》われると、ものすごくへこみました。

母《はは》にぶたれたり蹴《け》られたりして、ケガをしても、僕《ぼく》は必死《ひっし》でかくしていました。

だから、近所《きんじょ》の人《ひと》たちも、工場《こうじょう》の人《ひと》たちも、母《はは》が僕《ぼく》に暴力《ぼうりょく》をふるっていたとは気《き》づいていないようでした。


夜《よる》になると、母《はは》はしばしば父《ちち》と、はげしく争《あらそ》っていました。

罵《ののし》りあう声《こえ》や、おたがいをたたく音《おと》、物《もの》が壊《こわ》れる音《おと》が、子《こ》ども部屋《べや》にまで響《ひび》いてきていました。

そんな音《おと》を聞《き》くと、僕《ぼく》は不安《ふあん》で胸《むね》が押《お》しつぶされそうになりました。

家族《かぞく》がバラバラに引《ひ》き裂《さ》かれそうな気《き》がしたからです。

いつにも増《ま》して、はげしいケンカがくり広《ひろ》げられた、ある夜《よる》のことです。

「ギャグでケンカを止《と》めてこい」

姉《あね》がそう言《い》うので、僕《ぼく》はケンカ中《ちゅう》の父《ちち》と母《はは》の前《まえ》におどりでて、捨《す》て身《み》のギャグをやりました。

ですが、玉砕《ぎょくさい》しました。

父《ちち》に怒鳴《どな》られ、母《はは》に平手打《ひらてう》ちされて、終了《しゅうりょう》です。

翌朝《よくあさ》、目《め》を覚《さ》ますと、母《はは》はダイニングテーブルにつっぷして眠《ねむ》っていました。

「泣《な》いたのかもしれない」

そう思《おも》うと、母《はは》がかわいそうで、いたたまれない気持《きも》ちになりました。

つかれている背中《せなか》を見《み》ると、母《はは》が消《き》えていってしまいそうで、胸《むね》がつぶれそうだった。

でも、子《こ》どもには、なにもしてあげられません。

背中《せなか》に毛布《もうふ》をかけてあげることぐらいしかできませんでした。

「お母《かあ》さん、やさしい？」

「お母《かあ》さんのこと好《す》き？」

子《こ》どもは、大人《おとな》たちにそう聞《き》かれます。

僕《ぼく》は、そう聞《き》いてくる人《ひと》たちに不安《ふあん》を感《かん》じさせたくなかったし、母《はは》の評判《ひょうばん》を落《お》とすようなことを言《い》うなんて、もってのほかだと思《おも》っていたので、いつも同《おな》じ返事《へんじ》をしていました。

「やさしいよ。大好《だいす》きだよ」

でも、そう答《こた》える胸《むね》のうちは、ちょっとだけ複雑《ふくざつ》でした。

3 やさしいばあちゃん

学校《がっこう》でいじめられっ子《こ》な上《うえ》に、家《いえ》の中《なか》でものんびりした気持《きも》ちですごせない僕《ぼく》でしたが、そんな僕《ぼく》にも味方《みかた》になってくれた人《ひと》がいました。

それが、ばあちゃんです。

ばあちゃんといっても、本当《ほんとう》の祖母《そぼ》ではありません。

僕《ぼく》が生《う》まれる前《まえ》から工場《こうじょう》で働《はたら》いていた、年配《ねんぱい》の女性《じょせい》です。

血《ち》はつながっていませんが、僕《ぼく》は「ばあちゃん」と呼《よ》んでいました。

ばあちゃんも、僕《ぼく》を本当《ほんとう》の孫《まご》のようにかわいがってくれたんです。

幼稚園児《ようちえんじ》だったころ、僕《ぼく》はばあちゃんにべったりくっついて、はなれませんでした。

ばあちゃんが仕事《しごと》を終《お》えて帰《かえ》ろうとすると、はげしく泣《な》きだして、しがみついてはなさなかったんです。

「帰《かえ》らないで。だって、ばあちゃんが大好《だいす》きなんだもん」

直球《ちょっきゅう》の愛情表現《あいじょうひょうげん》を連発《れんぱつ》する僕《ぼく》に、ばあちゃんはハートをわしづかみにされたらしく、しょっちゅう僕《ぼく》を連《つ》れて帰《かえ》って、自宅《じたく》に泊《と》めてくれました。

いっしょの布団《ふとん》で眠《ねむ》っているばあちゃんの、おっぱいをさわりまくったりして、ろくなことはしていなかったんですが、ばあちゃんの家《いえ》にいくと、本当《ほんとう》にのびのびできたんです。

ばあちゃんだけは、僕《ぼく》が母《はは》にぶたれたり蹴《け》られたりしていることに気《き》づいていました。

「お姉《ねえ》ちゃんのことはぶたないのに、どうしてたいちゃんのことだけは、こんなにひどくぶつんだろうねぇ」

ばあちゃんは、よくそう言《い》っていました。

母《はは》は人前《ひとまえ》でめったに不平《ふへい》や不満《ふまん》を口《くち》にしませんでしたが、ばあちゃんにだけはしょっちゅう愚《ぐ》痴《ち》をこぼしていました。

ほかの人《ひと》の前《まえ》ではカリスマの顔《かお》をしていたんですが、どんな話《はなし》でも黙《だま》ってじっと聞《き》いてくれるばあちゃんには、泣《な》き言《ごと》を言《い》っていたんです。

「どうしてばあちゃんは、聞《き》いているだけで、なにも言《い》わないの？」

僕《ぼく》がそう聞《き》くと、ばあちゃんは、

「ばあちゃんが黙《だま》って聞《き》いてあげないと、お母《かあ》さんにイライラがたまって、たいちゃんをぶったりするでしょ」

と答《こた》えました。

ばあちゃんは僕《ぼく》のために、母《はは》の話《はな》し相手《あいて》になってくれていたんです。

僕《ぼく》が母《はは》にひどくぶたれたりすると、ばあちゃんは、

「ばあちゃんが工場《こうじょう》にいる間《あいだ》は、ばあちゃんのそばにいなさい」

と言《い》いました。

僕《ぼく》は工場《こうじょう》に入《い》りびたるようになりました。

ばあちゃんはいつだって僕《ぼく》の味方《みかた》で、ばあちゃんのそばは世界《せかい》でいちばん安心《あんしん》できる場所《ばしょ》だったんです。

働《はたら》くばあちゃんのすぐそばにすわって紙《かみ》にお話《はなし》や絵《え》を描《か》くと、ばあちゃんはそれを綴《と》じて絵本《えほん》にしてくれました。

「すごく上手《じょうず》に描《か》けてるよ、本当《ほんとう》にいい絵本《えほん》だ」

ばあちゃんはいつも、僕《ぼく》の作品《さくひん》を大絶賛《だいぜっさん》してくれました。

ばあちゃんがそんなふうに愛情《あいじょう》を注《そそ》いでくれるのをいいことに、僕《ぼく》はとんでもないことを言《い》っ

たりしていたんです。

「そんなにいい本《ほん》なら、売《う》れるよね。ばあちゃん、道《みち》で売《う》ってきてよ」

むりを言《い》う僕《ぼく》に、ばあちゃんは、

「そんなもの売《う》れないよ」

とは言《い》いませんでした。

ばあちゃんは、

「わかった、売《う》ってくるね」

と微笑《ほほえ》んで、僕《ぼく》のつたない絵本《えほん》を袋《ふくろ》にしまいました。

そして翌日《よくじつ》になると、

「ごめんね、たいちゃんの本《ほん》はいい本《ほん》だったけど、売《う》れなかったの。お金《かね》を持《も》ってる大人《おとな》は、大人《おとな》が描《か》いたものじゃないと買《か》ってくれないみたいだね。たいちゃんが大人《おとな》になってから描《か》いたら売《う》れると思《おも》うよ。でも、ばあちゃん、たいちゃんの本《ほん》が大好《だいす》きだから、ばあちゃんのために描《か》いてね」

と、やさしい声《こえ》で言《い》ってくれたんです。

僕《ぼく》は、ばあちゃんが本当《ほんとう》に売《う》りにいってくれたのかどうかはあやしいと思《おも》ったけれど、ばあちやんが喜《よろこ》ぶなら、いくらでも描《か》くぞと思《おも》いました。


僕《ぼく》が5歳《さい》のころ、母《はは》が家出《いえで》したことがありました。

理由《りゆう》はぜんぜんわからないのですが、母《はは》がとつぜん、姉《あね》を連《つ》れていなくなってしまったんです。

二度《にど》と母《はは》がもどってこなかったらと思《おも》うと、僕《ぼく》はショックで口《くち》もきけなくなりました。

「お母《かあ》さんはどうして、お姉《ねえ》ちゃんだけ連《つ》れていって、僕《ぼく》をおいていったんだろう」

と思《おも》うと、泣《な》いても泣《な》いても、まだ泣《な》けました。

僕《ぼく》だけ置《お》き去《ざ》りにされたんだと思《おも》うと、暗《くら》くてだれもいないところに閉《と》じこめられてしまったような気《き》がしたんです。

父《ちち》は、子《こ》どものめんどうを見《み》るような人《ひと》ではありませんでした。

そもそも家《いえ》にあまり帰《かえ》ってこないし、

「お母《かあ》さんはいつ帰《かえ》ってくるの？」

と聞《き》いても、なにも答《こた》えてくれませんでした。

そのころ、おさない僕《ぼく》のめんどうを見《み》てくれたのは、工場《こうじょう》の人《ひと》たちだったんです。

ばあちゃんは僕《ぼく》を自宅《じたく》に連《つ》れて帰《かえ》り、泊《と》めてくれ、朝《あさ》ごはんを食《た》べさせ、幼稚園《ようちえん》に通《かよ》わせてくれました。

工場《こうじょう》の人《ひと》たちはかわるがわる、僕《ぼく》に晩《ばん》ごはんを食《た》べさせてくれたり、お風呂《ふろ》に入《い》れてくれたりしました。

時《とき》にはプールや競馬場《けいばじょう》に連《つ》れていってくれたりもしたんです。

ばあちゃんや工場《こうじょう》の人《ひと》たちといっしょにいるときは、母《はは》に置《お》き去《ざ》りにされたことを忘《わす》れていられました。

工場《こうじょう》の人《ひと》たちはよく、僕《ぼく》に「歌《うた》え」とか「踊《おど》れ」とか言《い》っていたんですが、僕《ぼく》は工場《こうじょう》の人《ひと》たちが大好《だいす》きだったので、いつも大《だい》サービスで、おしりをふりふり歌《うた》って踊《おど》っていました。

工場《こうじょう》の人《ひと》たちが手《て》をたたいて喜《よろこ》んでくれるのが、うれしかったんです。

工場《こうじょう》の人《ひと》たちといっしょにいるのは楽《たの》しかったんですが、それでもやっぱり、母《はは》のことを思《おも》いださないわけではありません。

「お母《かあ》さんがもう帰《かえ》ってこなかったら」

という不安《ふあん》はときどき襲《おそ》いかかってきて、そのたびに、まだ5歳《さい》だった僕《ぼく》は泣《な》いていました。

「もしかしたら、お母《かあ》さんはみんなに見《み》つからないようにこっそり僕《ぼく》を迎《むか》えにくるかもしれない」

そう思《おも》った僕《ぼく》は、家《いえ》の前《まえ》でずっと母《はは》を待《ま》っていました。

どっちの方向《ほうこう》からくるかわからなかったので、右《みぎ》と左《ひだり》を交互《こうご》に見《み》つめながら、ずっとずっと待《ま》っていたんです。

「たいちゃん、晩《ばん》ごはん食《た》べちゃいなさい」

ばあちゃんがそう言《い》ってくれましたが、ごはんを食《た》べている間《あいだ》に母《はは》がきてしまったらと思《おも》うと、ごはんなんか食《た》べていられないと思《おも》いました。

ばあちゃんは、なにも言《い》っていないのに、僕《ぼく》の気持《きも》ちをわかってくれていたんです。

ばあちゃんは工場《こうじょう》から椅子《いす》と懐中電灯《かいちゅうでんとう》を持《も》ってきて、僕《ぼく》に言《い》いました。

「ばあちゃんがかわりに見《み》はっててあげるから、大丈夫《だいじょうぶ》だよ。お母《かあ》さんがきたら、だれにも見《み》つからないところに隠《かく》れててもらうよ」

ばあちゃんは椅子《いす》にすわって、本《ほん》を読《よ》みはじめました。

僕《ぼく》は晩《ばん》ごはんを食《た》べながら、母《はは》よりもばあちゃんのことが気《き》になってしまいました。

そわそわしてばあちゃんの様子《ようす》を覗《のぞ》きにいくと、ばあちゃんはちゃんとすわっていました。

本《ほん》と、メガネをかけたばあちゃんの顔《かお》が、宵闇《よいやみ》の中《なか》で懐中電灯《かいちゅうでんとう》に照《て》らされてうかびあがっていました。

お風呂《ふろ》に入《い》れてもらってからまた見《み》にいくと、ばあちゃんはまだ家《いえ》の前《まえ》で本《ほん》を読《よ》んでいました。

「もう、見《み》はらなくていいっ！」

そう言《い》ってばあちゃんにしがみつくと、ばあちゃんは僕《ぼく》のほっぺたにさわりながら、

「お母《かあ》さんはちゃんと帰《かえ》ってくるから、大丈夫《だいじょうぶ》だよ。それまで、ちゃんとごはん食《た》べてないと、お母《かあ》さん泣《な》いちゃうよ」

と言《い》いました。

「じゃあ、ちゃんと食《た》べる」

僕《ぼく》は、そう答《こた》えました。

ばあちゃんが「お母《かあ》さんは帰《かえ》ってくるよ」と言《い》うと、「ばあちゃんがそう言《い》うなら本当《ほんとう》に帰《かえ》ってくるんだろう」と思《おも》えました。

それだけで、安心《あんしん》して眠《ねむ》れたんです。

そして、ばあちゃんの言《い》った通《とお》り、ほどなくして母《はは》は本当《ほんとう》に家《いえ》にもどってきました。

母《はは》がいない間《あいだ》に、工場《こうじょう》の人《ひと》たちは僕《ぼく》に本格的《ほんかくてき》に情《じょう》が移《うつ》ったらしく、母《はは》がもどってからも愛情《あいじょう》と食《た》べ物《もの》をたっぷり与《あた》えてくれました。

ごはんの前《まえ》にも後《あと》にも、わざわざ買《か》ってきたドーナツやパンや焼《や》き鳥《とり》などをくれたんです。そんなわけで9歳《さい》になるころには、僕《ぼく》は肥満児《ひまんじ》になっていました。

工場《こうじょう》の人《ひと》たちは大好《だいす》きだったし、愛情《あいじょう》はうれしかった。僕《ぼく》にとって、本当《ほんとう》に本当《ほんとう》に大事《だいじ》な人《ひと》たちでした。

ですが、肥満児《ひまんじ》になったことで、僕《ぼく》は学校《がっこう》でひどいいじめに遭《あ》いました。体《からだ》が大《おお》きくておとなしい僕《ぼく》を蹴《け》り倒《たお》したり、言葉《ことば》で傷《きず》つけて泣《な》かせたりすることは、クラスメイトたちにとって、おもしろくてしかたがないことだったようです。きっと、マンモス狩《が》りのようなスリルがあったのでしょう。

しょっちゅう集団《しゅうだん》で攻撃《こうげき》される僕《ぼく》を、担任《たんにん》の先生《せんせい》は守《まも》ってくれませんでした。

「食《た》べてばかりいるんでしょ、もう少《すこ》しやせなさい」

と言《い》うだけだったんです。

いじめが社会問題《しゃかいもんだい》になったり、いじめ防止法《ぼうしほう》（いじめ防止対策推進法《ぼうしたいさくすいしんほう》）ができたりしたのは、僕《ぼく》が大人《おとな》になってからのことでした。

当時《とうじ》は、「いじめられるほうに問題《もんだい》がある」という見方《みかた》をする人《ひと》が大半《たいはん》だったんです。

いじめられていると大人《おとな》に言《い》うと、逆《ぎゃく》に「おまえが弱《よわ》っちいからだ」と叱《しか》られるような時代《じだい》でした。

少《すこ》しはやせなくてはならないと思《おも》った僕《ぼく》は、「晩《ばん》ごはんを少《すく》なくしてほしい」と母《はは》に言《い》いました。

すると母《はは》は逆上《ぎゃくじょう》して、僕《ぼく》に熱《あつ》い味噌汁《みそしる》をぶっかけました。

「じゃあもう、なにも食《た》べるな！」

そう怒鳴《どな》りつけたんです。

さらに、泣《な》きっつらにハチの事件《じけん》がおこりました。

当時《とうじ》6年生《ねんせい》だった姉《あね》の作文《さくぶん》が、給食時《きゅうしょくじ》の校《こう》

内放送《ないほうそう》で読《よ》みあげられたんです。

みんながいっせいに給食《きゅうしょく》を食《た》べはじめたタイミングで、

「私《わたし》の弟《おとうと》は3年生《ねんせい》なのに体重《たいじゅう》が55キロもあります」

という声《こえ》が、スピーカーから流《なが》れてきました。

僕《ぼく》は教室《きょうしつ》に巻《ま》きおこった、爆笑《ばくしょう》のうずに呑《の》みこまれました。

何人《なんにん》かの児童《じどう》が、

「デブ、食《く》ってんじゃねぇ」

と僕《ぼく》に罵声《ばせい》を浴《あ》びせかけてもきたんです。

僕《ぼく》は、給食《きゅうしょく》が食《た》べられなくなりました。

「こんな作文《さくぶん》が読《よ》まれたら、僕《ぼく》がどんなにいじめられるか、だれも考《かんが》えてくれなかったんだな。

みんな、おもしろければいいんだな」

そう思《おも》うと、心《こころ》の底《そこ》から悲《かな》しかった。

昼休《ひるやす》みになっても給食《きゅうしょく》に手《て》をつけない僕《ぼく》に、しびれを切《き》らした先生《せんせい》は、

「もういいから片《かた》づけなさい」

と怒《いか》りをあらわにしました。

「もうなにも食《た》べないで、死《し》んじゃってもいい」

僕《ぼく》は、本気《ほんき》でそう思《おも》いました。

学校《がっこう》から帰《かえ》ってきた僕《ぼく》の様子《ようす》がおかしいことに、ばあちゃんは、すぐに気《き》づいてくれました。

「なにがあったの？　ばあちゃんにだけ教《おし》えて」

そう聞《き》いてくれたんです。

学校《がっこう》でおきたことを話《はな》すと、ばあちゃんは炊事場《すいじば》にいって蒸《む》しパンを作《つく》ってくれました。

「お砂糖《さとう》をちょっとだけにしといたから、太《ふと》らないよ」

そう言《い》って、ホカホカ湯気《ゆげ》がたつ蒸《む》しパンがのったお皿《さら》を僕《ぼく》にさしだしてくれたんです。

あのときの蒸《む》しパンの香《かお》り、お皿《さら》の模様《もよう》、湯気《ゆげ》のかたち。

今《いま》でもはっきりと、おぼえています。

茶色《ちゃいろ》い蒸《む》しパンは、ほんのり黒糖《こくとう》の香《かお》りがして、甘《あま》くなくても大丈夫《だいじょうぶ》でした。

ばあちゃんが言《い》う通《とお》りによく噛《か》むと、だんだん甘《あま》くなってくるんです。

「ばあちゃんさえいれば、たいていのことは平気《へいき》だ」

僕《ぼく》はこのとき、そう思《おも》ったんです。

4 施設《しせつ》に入《はい》ることになった日《ひ》

小学《しょうがく》3年生《ねんせい》の3学期《がっき》のことでした。

いつものように学校《がっこう》から帰《かえ》ってきた僕《ぼく》は、工場《こうじょう》でばあちゃんに学校《がっこう》でおきたことを話《はな》していました。

その日《ひ》は、めずらしく父《ちち》が工場《こうじょう》にいて、僕《ぼく》に「ちょっとこい」と声《こえ》をかけてきたんです。

いつもは僕《ぼく》となんか、ほとんど話《はな》さない父《ちち》が、なんの用《よう》だろうと、僕《ぼく》は不審《ふしん》に思《おも》いました。

父《ちち》は僕《ぼく》を父《ちち》の部屋《へや》に連《つ》れていきました。

僕《ぼく》にとってそこは開《あ》かずの間《ま》だったので、近《ちか》よるだけでもドキドキしました。

それからおきたことは、悪夢《あくむ》みたいなできごとだったんです。

父《ちち》は緊張《きんちょう》する僕《ぼく》をすわらせて、訊《たず》ねてきました。

「この前《まえ》の日曜日《にちようび》、お母《かあ》さんとお姉《ねえ》ちゃんと3人《にん》で、どこにいった？」

「横浜《よこはま》ドリームランド」

僕《ぼく》は、そう答《こた》えました。

嘘《うそ》ではありませんでした。

「お母《かあ》さんとお姉《ねえ》ちゃんと、あと、もうひとりいただろ。だれがいた？」

父《ちち》は、さらにそう聞《き》いてきたんです。

僕《ぼく》は困《こま》ってしまいました。

だれに聞《き》かれても、母《はは》と姉《あね》と自分《じぶん》の3人《にん》でいったのだと答《こた》えるように、母《はは》からきつく命《めい》じられていたからです。

「3人《にん》でいった」

と、父《ちち》に言《い》うと、父《ちち》は目《め》をとがらせました。

「本当《ほんとう》に3人《にん》でいったのか？　3人《にん》だったら、電車《でんしゃ》でいったんだな。なんていう路線《ろせん》の電車《でんしゃ》に乗《の》って、なんていう駅《えき》で降《お》りたんだ」

僕《ぼく》は、あせってしまいました。

横浜《よこはま》までいく電車《でんしゃ》の路線《ろせん》なんて知《し》らなかったんです。

「本当《ほんとう》は車《くるま》でいったんじゃないのか？　だれといったんだ！」

父《ちち》は、そうとう大《おお》きな声《こえ》で怒鳴《どな》りつけてきました。

僕《ぼく》は恐怖《きょうふ》で身《み》がすくみ、声《こえ》が出《で》ませんでした。

そんな僕《ぼく》を父《ちち》は殴《なぐ》り、蹴《け》り、それでも僕《ぼく》が白状《はくじょう》しないと、今度《こんど》は窓《まど》を開《あ》けて僕《ぼく》の足《あし》をつかみ、僕《ぼく》を窓《まど》の外《そと》に逆《さか》さ吊《づ》りにしたんです。

そこは2階《かい》でしたけど、天井《てんじょう》の高《たか》い工場《こうじょう》の上《うえ》でしたから、逆《さか》さまに落《お》ちたら、死《し》んでしまうくらいの高《たか》さがありました。

父《ちち》の追及《ついきゅう》は、9歳《さい》の子《こ》どもが、しらを切《き》り通《とお》せるレベルではありませんでした。

とうとう僕《ぼく》は、工場《こうじょう》のお得意《とくい》さんの若《わか》い男性社員《だんせいしゃいん》が、母《はは》と姉《あね》と僕《ぼく》を車《くるま》で連《つ》れていってくれたんだと、泣《な》きながら白状《はくじょう》してしまったんです。

父《ちち》は僕《ぼく》を床《ゆか》にほうりだすと、怒《いか》りであごを震《ふる》わせて、部屋《へや》を出《で》ていきました。

数時間後《すうじかんご》、今度《こんど》は母《はは》に、

「あんた、お父《とう》さんにしゃべったんだね。もう、どこにも連《つ》れていかない。もう二度《にど》とあんたのことを信用《しんよう》しないからね」

と言《い》われました。おそろしい表情《ひょうじょう》でした。

その顔《かお》を見《み》ただけで、心臓《しんぞう》が石《いし》になってしまいそうでした。

秘密《ひみつ》をしゃべってしまったから、もしかしたら母《はは》は父《ちち》にひどいことをされたのかもしれないと思《おも》うと、いてもたってもいられない気持《きも》ちになりました。

それから、1カ月後《げつご》ぐらいのことです。

いつものように学校《がっこう》から帰《かえ》ってくると、小学生《しょうがくせい》の小《ちい》さな世界《せかい》が逆《さか》さまにひっくりかえってしまうような、おそろしい事態《じたい》が待《ま》っていました。

本当《ほんとう》にショックなできごとというのは、ぜんぜん気《き》がつかないうちにどこかではじまっていて、もう手《て》の打《う》ちようがなくなってから襲《おそ》いかかってくるものです。

僕《ぼく》がそれを知《し》ったのは、まさにこのときでした。

母《はは》に呼《よ》ばれて居間《いま》にいくと、母《はは》は僕《ぼく》をすわらせて言《い》ったんです。

「S県《けん》に虚弱児《きょじゃくじ》や肥満児《ひまんじ》や小児喘息《しょうにぜんそく》の子《こ》が体質改善《たいしつかいぜん》するための施設《しせつ》があって、おまえは太《ふと》っていて学校《がっこう》でいじめられているから、4月《がつ》から1年間《ねんかん》、そこに入《はい》りなさい」

僕《ぼく》は、ショックで声《こえ》も出《で》なくなりました。

じたばたしても、母《はは》はきっと僕《ぼく》を施設《しせつ》に入《い》れてしまう。

ばあちゃんとも、工場《こうじょう》の人《ひと》たちとも引《ひ》きはなされてしまう。

そう思《おも》うと、足《あし》もとの地面《じめん》がガラガラくずれて、暗《くら》くておそろしいところに落《お》ちていってしまうような心地《ここち》になりました。

僕《ぼく》の様子《ようす》がおかしいと気《き》づいてくれたのは、ばあちゃんでした。

ばあちゃんは、しゃがんで僕《ぼく》の両肩《りょうかた》に手《て》をおくと、

「なにかあったでしょ、ゆっくり少《すこ》しずつでいいから話《はな》して」

と、やさしい声《こえ》で言《い》いました。

その声《こえ》を聞《き》いて僕《ぼく》は、悲《かな》しい気持《きも》ちのかたまりみたいなものが目《め》や鼻《はな》や口《くち》からぜんぶ出《で》てしまうような感《かん》じになって、はげしく泣《な》きだしてしまいました。

しゃくりあげてしまって、ぜんぶ話《はな》すまで時間《じかん》がかかったけれど、ばあちゃんは根気《こんき》よく最後《さいご》まで聞《き》いてくれました。

聞《き》き終《お》わるとばあちゃんは、すっと立《た》ちあがり、母《はは》がいる事務所《じむしょ》にむかって歩《ある》きはじめたんです。

いつも穏《おだ》やかなばあちゃんが、戦《たたか》いを挑《いど》みにいくみたいな顔《かお》をしていました。

そんな表情《ひょうじょう》をうかべたばあちゃんを見《み》たのは、はじめてでした。

母《はは》と争《あらそ》うことになってもかまわないという気持《きも》ちになっていることが、ばあちゃんの背中《せなか》から伝《つた》わってきたんです。

美《うつく》しい母《はは》と、やさしいばあちゃん。

僕《ぼく》にとって、この世《よ》でもっとも争《あらそ》ってほしくない2人《ふたり》です。

母《はは》が逆上《ぎゃくじょう》してばあちゃんにおそろしいことを言《い》うのではないかと、不安《ふあん》でたまらなくなりました。

事務所《じむしょ》に様子《ようす》を見《み》にいったんですが、2人《ふたり》はいません。

ますます不安《ふあん》になってあちこち捜《さが》しまわっていると、工場《こうじょう》の倉庫《そうこ》から2人《ふたり》の声《こえ》が聞《き》こえてきました。

「たいちゃん、何歳《なんさい》だと思《おも》ってるの」

「しかたがないのよ」

倉庫《そうこ》の扉《とびら》をほんの少《すこ》しだけ開《あ》けて、僕《ぼく》はこっそり2人《ふたり》の話《はなし》を聞《き》いていました。

「今《いま》、あの子《こ》にペラペラしゃべられたら、なにもかもだいなしになるでしょ」

母《はは》は興奮《こうふん》した様子《ようす》で、自分《じぶん》の苦《くる》しい立場《たちば》を訴《うった》えていたようでした。

「そんなの、たいちゃんのせいじゃないでしょ。たいちゃんが出《で》ていくなんて、おかしいじゃないの。まだ子《こ》どもなのよ。お母《かあ》さんが大好《だいす》きなのよ」

ばあちゃんは、あくまでも僕《ぼく》の味方《みかた》になってくれていました。

ばあちゃんにとって、母《はは》は雇《やと》い主《ぬし》の奥《おく》さんです。

母《はは》に苦言《くげん》を呈《てい》するのは、勇気《ゆうき》のいることだったと思《おも》います。

一方《いっぽう》、母《はは》にとってもばあちゃんに反発《はんぱつ》することは、気軽《きがる》にできることではありませんでした。

ばあちゃんは母《はは》がこの家《いえ》にお嫁《よめ》にくる前《まえ》から働《はたら》いている、なにもかもを知《し》っている人《ひと》です。

ばあちゃんが、母《はは》と衝突《しょうとつ》して、工場《こうじょう》を去《さ》ることにでもなったら、工場《こうじょう》の人《ひと》たちが、母《はは》に冷《ひ》ややかな態度《たいど》をとるようになるのは、目《め》に見《み》えています。

いろいろな噂《うわさ》が飛《と》びかい、母《はは》はもう、カリスマではいられなくなります。

僕《ぼく》は子《こ》どもだったので、もちろん難《むずか》しいことはわかりませんでしたが、母《はは》とばあちゃんの間《あいだ》で、見《み》えない力《ちから》がせめぎあっているのを感《かん》じました。

火花《ひばな》を散《ち》らして、２人《ふたり》はしばらくもめていましたが、そのうち母《はは》が泣《な》きだしました。

「私《わたし》だって、こんなことしたくない」

そう言《い》って両手《りょうて》で顔《かお》を覆《おお》う母《はは》を見《み》て、僕《ぼく》の心《こころ》は揺《ゆ》らぎました。

母親《ははおや》の涙《なみだ》に勝《か》てる子《こ》どもはいません。

「お母《かあ》さん、泣《な》いてる」

そう思《おも》うと、心《こころ》がぞうきんみたいに、しぼられる感《かん》じがしました。

僕《ぼく》が施設《しせつ》にいかなければならなくなったのは、秘密《ひみつ》を父《ちち》にしゃべってしまったからで、もともとは僕《ぼく》が悪《わる》いんだって思《おも》ってしまったんです。

ぜんぶ自分《じぶん》が悪《わる》いんだって。

「1年《ねん》ぐらいだったら施設《しせつ》にいってもいい」

僕《ぼく》は、そう母《はは》に言《い》おうと思《おも》いました。

5　ばあちゃんがくれたもの

4月《がつ》になって、いよいよ施設《しせつ》に入《はい》る日《ひ》がやってきました。

小学《しょうがく》4年生《ねんせい》の1年間《ねんかん》を、親《おや》もとをはなれ施設《しせつ》ですごすのです。

施設《しせつ》にむかう前日《ぜんじつ》、母《はは》は僕《ぼく》の大好物《だいこうぶつ》のまぜごはんを作《つく》ってくれました。

夏《なつ》になれば帰省期間《きせいきかん》がありますが、それまでは食《た》べられません。

おなかいっぱい食《た》べました。

翌日《よくじつ》、リュックサックを背負《せお》い、母《はは》に連《つ》れられて業平橋駅《なりひらばしえき》までいくと、施設《しせつ》の副園長先生《ふくえんちょうせんせい》が迎《むか》えにきていました。

母《はは》はあいさつをして切符《きっぷ》を買《か》い、みんなで改札《かいさつ》にむかいました。

そのとき、

「たいちゃん」

と、僕《ぼく》を呼《よ》ぶ声《こえ》がしたんです。

ふりかえるとそこには、ばあちゃんがいました。

工場《こうじょう》にいるばあちゃんはいつも前掛《まえか》けをして腕《うで》カバーをつけていましたが、今日《きょう》はよそゆきの格好《かっこう》をしていて、きれいでした。

ばあちゃんは、施設《しせつ》までいっしょにいくと言《い》ってくれたんです。


ふた月前《つきまえ》、施設《しせつ》にいくことにしたとばあちゃんに伝《つた》えた日《ひ》、ばあちゃんに泣《な》いてほしくなかった僕《ぼく》は、楽《たの》しみにしているふりをして言《い》いました。

「施設《しせつ》ってね、山《やま》の中《なか》にあってキャンプみたいなやつなんだよ。カブトムシとかクワガタとかもいっぱいいるし、釣《つ》りとかできるんだって。キャンプファイヤーとかもやるんだって」

楽《たの》しみにしているみたいに言《い》えば、ばあちゃんは安心《あんしん》してくれると思《おも》ったんです。

僕《ぼく》はかわいそうじゃないから、心配《しんぱい》いらないよって伝《つた》えたかった。

今《いま》にして思《おも》えば、僕《ぼく》がアウトドアが苦手《にがて》だということをばあちゃんはよくわかっていたので、ちょっとむりがあったかもしれません。

ばあちゃんは、やっぱり、ぽろぽろ泣《な》きました。

もとはといえば、僕《ぼく》が母《はは》の秘密《ひみつ》をしゃべってしまったから悪《わる》い、僕《ぼく》のせいでばあちゃんが泣《な》いてしまったと思《おも》って、僕《ぼく》も悲《かな》しくなりました。

ばあちゃんは、僕《ぼく》がなにも言《い》っていないのに、なにを考《かんが》えているかわかるみたいでした。

「たいちゃんは、なにも悪《わる》くないよ」

そう言《い》って、僕《ぼく》の背中《せなか》をいっぱい撫《な》でました。


施設《しせつ》に着《つ》くと、母《はは》とばあちゃんは、僕《ぼく》の荷物《にもつ》の荷《に》ほどきをはじめました。

施設《しせつ》は本当《ほんとう》に山《やま》の中《なか》にあって、緑《みどり》にかこまれていました。

木々《きぎ》の匂《にお》いがする風《かぜ》が入《はい》ってくる窓《まど》からは、鳥《とり》の鳴《な》き声《ごえ》が聞《き》こえてきて、近《ちか》くには広《ひろ》いグラウンドや畑《はたけ》がありました。

「そんなにいやな場所《ばしょ》じゃない。きっと、楽《たの》しいことだっていっぱいある」

僕《ぼく》は、そう考《かんが》えるようにしました。

そう思《おも》わないと、これからどんな生活《せいかつ》が待《ま》っているのか、不安《ふあん》でしかたがなかったからです。

母《はは》が用事《ようじ》をすませるために部屋《へや》を出《で》たとき、ばあちゃんは紙袋《かみぶくろ》の中《なか》から四角《しかく》いクッキーの缶《かん》を取《と》りだして、僕《ぼく》に手《て》わたしました。

そして、

「夕方《ゆうがた》になったらばあちゃんたちは帰《かえ》るけど、そのあとで開《あ》けてね」

と言《い》ったのでした。

「なぁに、これ」

そう聞《き》いても、ばあちゃんはフフフと笑《わら》って教《おし》えてくれません。

缶《かん》を振《ふ》ってみると、ゴソッという音《おと》がしました。

厚紙《あつがみ》のカードがたくさん入《はい》っているような音《おと》です。

「謎《なぞ》だ」

僕《ぼく》がそうつぶやくと、ばあちゃんはおかしそうに笑《わら》いました。

やがて夕方《ゆうがた》になると、母《はは》とばあちゃんは帰《かえ》っていきました。
「面会日《めんかいび》には会《あ》いにくるからね」
母《はは》にそう言《い》われて、僕《ぼく》は泣《な》くまいとしたけれど、ぜんぜんダメでした。
2人《ふたり》の背中《せなか》を見送《みおく》りながら、わんわん泣《な》いてしまったんです。
お母《かあ》さんがいる家《いえ》がよかった。
ばあちゃんがいる家《いえ》がよかった。
そう思《おも》うと涙《なみだ》が止《と》まらなくて、布団《ふとん》に入《はい》っても泣《な》きつづけました。
ばあちゃんがくれた缶《かん》を開《あ》けてみると、中《なか》には郵便《ゆうびん》はがきが何十枚《なんじゅうまい》も入《はい》っていました。
ぜんぶに、ばあちゃんの宛名《あてな》と住所《じゅうしょ》が書《か》かれていました。
そのままポストに入《い》れれば届《とど》くように、ばあちゃんが書《か》いておいてくれたんです。
はがきといっしょに入《はい》っていた手紙《てがみ》には、
「なにかあったら、はがきに書《か》いてポストに入《い》れてね。
ばあちゃんはいつでも、たいちゃんの味方《みかた》だからね」
と、書《か》かれていました。

6

施設《しせつ》の凶暴王《きょうぼうおう》

僕《ぼく》が入《はい》った施設《しせつ》には、小学《しょうがく》3年生《ねんせい》から6年生《ねんせい》までの児童《じどう》が、男女《だんじょ》あわせて60人《にん》ぐらいいました。

男女《だんじょ》いっしょの4つの部屋《へや》に分《わ》かれて、寝起《ねお》きをともにするんです。

部屋《へや》には畳《たたみ》がしいてあって、寝《ね》るときは自分《じぶん》で布団《ふとん》をしきます。

食事《しょくじ》は児童全員《じどうぜんいん》で、食堂《しょくどう》で食《た》べました。

別《べつ》の棟《むね》に小《ちい》さな教室《きょうしつ》があって、そこで学年《がくねん》ごとに授業《じゅぎょう》を受《う》けました。

それぞれの学年《がくねん》に担任《たんにん》の先生《せんせい》がいたんです。

4年生《ねんせい》は9人《にん》で、いちばん人数《にんずう》が少《すく》ない学年《がくねん》でした。

母《はは》はこの施設《しせつ》のことを、

「虚弱児《きょじゃくじ》や肥満児《ひまんじ》や小児喘息《しょうにぜんそく》の子《こ》が、体質改善《たいしつかいぜん》のために入《はい》る施設《しせつ》よ」

と言《い》っていました。

それは、嘘《うそ》でもまちがいでもありませんでした。

本来《ほんらい》、家庭《かてい》に問題《もんだい》があったり、親《おや》に事情《じじょう》があったりする子《こ》どものための施設《しせつ》とは、ちがうものだったんです。

だけど、実際《じっさい》に入《はい》ってみると、親《おや》がどう育《そだ》てたらいいか、わからなくなった子《こ》どもが多《おお》いように思《おも》いました。

すごく暴力的《ぼうりょくてき》だったり、不安定《ふあんてい》だったり、ものすごくぼんやりしていたりする子《こ》どもが、たくさんいたんです。

昆虫《こんちゅう》や動物《どうぶつ》を、八《や》つ裂《ざ》きに引《ひ》きちぎるようにして殺《ころ》しつづける子《こ》がいたし、怒《おこ》りだすと暴《あば》れて止《と》まらなくなる子《こ》もいました。

中《なか》でも僕《ぼく》を悩《なや》ませたのは、同学年《どうがくねん》の大島《おおしま》くんでした。

彼《かれ》は施設《しせつ》の凶暴王《きょうぼうおう》だったんです。

4年生《ねんせい》の教室《きょうしつ》は、彼《かれ》が暴《あば》れるせいで授業《じゅぎょう》にならず、ほかの児童《じどう》たちも態度《たいど》が悪《わる》くなり、たった9人《にん》しかいないのに、学級崩壊《がっきゅうほうかい》していました。

大島《おおしま》くんはとにかく、ちょっとの間《あいだ》もじっとしていられないんです。

彼《かれ》が大声《おおごえ》をあげたり、教室《きょうしつ》から飛《と》びだしたりしてしまうと、ほかの児童《じどう》たちも興奮《こうふん》して騒《さわ》ぎだしてしまいます。

担任《たんにん》の先生《せんせい》は若《わか》い女《おんな》の先生《せんせい》でしたが、まったく抑止力《よくしりょく》がなくて、授業《じゅぎょう》はいつもめちゃくちゃになってしまっていました。

大島《おおしま》くんは夜尿症《やにょうしょう》で、毎晩《まいばん》のように、おねしょをしていました。

布団《ふとん》とシーツの間《あいだ》にビニールシートをしいて、その上《うえ》に寝《ね》かされていたんです。

朝《あさ》になると、布団《ふとん》のまわりにも、おしっこが撒《ま》き散《ち》らされていました。

大島《おおしま》くんが撒《ま》き散《ち》らしていたのは、おしっこだけじゃありませんでした。

大島《おおしま》くんは、いつもキョロキョロ目《め》が泳《およ》いでいて、おびえたような顔《かお》をしているんですが、ちょっとでも不安《ふあん》が高《こう》じると、暴力《ぼうりょく》を撒《ま》き散《ち》らしていたんです。

僕《ぼく》はおとなしくて、逃《に》げ足《あし》が遅《おそ》い子《こ》どもだったので、特《とく》に集中的《しゅうちゅうてき》にやられました。

毎日《まいにち》、殴《なぐ》られたり噛《か》みつかれたり、ひどい目《め》に遭《あ》わされていたんです。

そして、大島《おおしま》くんは、大人《おとな》の男性《だんせい》が大嫌《だいきら》いでした。

大嫌《だいきら》いというより、異様《いよう》に怖《こわ》がっていたと言《い》ったほうが正《ただ》しいかもしれません。

男性《だんせい》の先生《せんせい》や職員《しょくいん》から叱《しか》られそうになると、いつも爆発的《ばくはつてき》に泣《な》きだしました。

そして、泣《な》いたあとは、かならずといっていいほど、僕《ぼく》に襲《おそ》いかかってくるんです。

ひどい、とばっちりです。

もちろん、暴力《ぼうりょく》をふるわれるのは、いやでした。

でも僕《ぼく》は、これまでの学校《がっこう》で受《う》けていたいじめよりは、ましかなという気《き》もしていました。

集団《しゅうだん》で攻撃《こうげき》してくるわけではなかったし、バイキン扱《あつか》いとか、そんな心《こころ》が傷《きず》つくようないじめではなかったからです。


施設《しせつ》に入《はい》って、しばらくたったころのことです。

施設《しせつ》の廊下《ろうか》を歩《ある》いていたら、大島《おおしま》くんが僕《ぼく》を待《ま》ちぶせしていました。

今《いま》まで衝動的《しょうどうてき》に暴力《ぼうりょく》をふるってきた大島《おおしま》くんですが、待《ま》ちぶせするなんて、はじめてのことです。

僕《ぼく》は身《み》がまえました。

「また暴力《ぼうりょく》をふるう気《き》なの？　先生《せんせい》に言《い》いつけるからね」

ちょっと毅然《きぜん》としてそう言《い》うと、大島《おおしま》くんは、

「便所《べんじょ》につきあって」

と言《い》いました。

「なんで？」

と聞《き》くと、大島《おおしま》くんは、

「怖《こわ》いから」

と答《こた》えました。

こんなに凶暴《きょうぼう》なやつが、トイレが怖《こわ》いなんて……。

ちょっと不思議《ふしぎ》な気持《きも》ちで、いっしょにトイレにむかいました。

大島《おおしま》くんは、ひとりでトイレに入《はい》れない子《こ》だったんです。

大《だい》をする個室《こしつ》に入《はい》ると、ドアを閉《し》められませんでした。

狭《せま》いところに入《はい》れないんです。押《お》し入《い》れとか物置《ものおき》とか、暗《くら》いところに入《はい》るのもむりなようでした。

それから大島《おおしま》くんは、トイレのたびに、僕《ぼく》をつきあわせるようになりました。

おとなしい僕《ぼく》なら、黙《だま》っていうことを聞《き》くと思《おも》ったのでしょう。

たしかに、それは正解《せいかい》でした。

いちいちトイレにつきあうのはめんどうでしたけど、断《ことわ》って凶暴《きょうぼう》になられるのは、もっとめんどうだったので、僕《ぼく》はいつもしかたなくつきあってあげていたんです。

そのうち、大島《おおしま》くんは夜中《よなか》に僕《ぼく》をおこしにくるようになりました。

「便所《べんじょ》にいきたい」

と言《い》って、揺《ゆ》すってくるんです。

眠《ねむ》い目《め》をこすりこすり、いやいやでしたけど、僕《ぼく》は夜《よ》ごとトイレにつきあっていました。

そのうち大島《おおしま》くんは、おねしょの回数《かいすう》が減《へ》ってきました。

僕《ぼく》に暴力《ぼうりょく》をふるうことも、しだいに少《すく》なくなっていたのでした。


施設《しせつ》に入《はい》ってから幾月《いくつき》かがすぎて、夏《なつ》が近《ちか》づいていました。

施設《しせつ》の庭《にわ》にはレンゲの花《はな》がいっぱい咲《さ》いて、子《こ》どもたちは花輪《はなわ》を作《つく》ったり、山《やま》の生《い》き物《もの》と遊《あそ》んだりしはじめました。

昆虫《こんちゅう》を追《お》いかけたり、はじめて見《み》るヘビに驚《おどろ》いたり、それぞれ思《おも》い思《おも》いに自然《しぜん》とふれあっていました。

夏休《なつやす》みの間《あいだ》には、自分《じぶん》の家《いえ》に帰《かえ》れる帰省期間《きせいきかん》があります。

みんな、ウキウキしてそれを待《ま》っていたんです。

もちろん、僕《ぼく》も帰省《きせい》を楽《たの》しみにしていました。

梅雨《つゆ》がもうすぐ明《あ》けるころのことです。僕《ぼく》は施設《しせつ》の庭《にわ》の柵《さく》にかたつむりがたくさんいるのを見《み》つけて、何匹《なんびき》かつかまえてレースをして遊《あそ》んでいました。

すると、しゃがんでいた僕《ぼく》をつき飛《と》ばして、かたつむりをぐしゃりと踏《ふ》みつぶしたやつがいました。

もちろん、凶暴王《きょうぼうおう》の大島《おおしま》くんです。

「なにすんだよっ」

思《おも》わず僕《ぼく》は叫《さけ》びました。

大島《おおしま》くんは僕《ぼく》に飛《と》びかかって、噛《か》みついてきました。

施設《しせつ》の職員《しょくいん》さんが見《み》つけて大島《おおしま》くんを引《ひ》きはなしましたが、そうとう強《つよ》く噛《か》まれたらしく、傷《きず》口《ぐち》から血《ち》が流《なが》れていたんです。

大島《おおしま》くんは帰省期間《きせいきかん》が近《ちか》づくにつれ、なにかイラだっているようでした。

そして、いよいよ明日《あした》から帰省期間《きせいきかん》がはじまるという、その日《ひ》。

大島《おおしま》くんは施設《しせつ》を抜《ぬ》けだして、逃《に》げてしまったのです。

職員《しょくいん》さんたちが総出《そうで》で、血相《けっそう》を変《か》えて大島《おおしま》くんを捜《さが》していました。

物置《ものおき》や押《お》し入《い》れや、跳《と》び箱《ばこ》の中《なか》までもぜんぶチェックして捜《さが》していたんです。

子《こ》どもたちは食堂《しょくどう》に集《あつ》められ、職員《しょくいん》さんが必死《ひっし》で捜《さが》しているのをながめているしかありませんでした。

「大島《おおしま》くんは押《お》し入《い》れや跳《と》び箱《ばこ》の中《なか》になんか、隠《かく》れない。暗《くら》いところや狭《せま》いところになんて、絶《ぜっ》対《たい》に入《はい》らない」

僕《ぼく》は、ぼんやりそう思《おも》っていました。

大島《おおしま》くんはもう、施設《しせつ》の外《そと》にいるんだろうと。

僕《ぼく》は、不思議《ふしぎ》でなりませんでした。

「明日《あした》になれば家《いえ》に帰《かえ》れるのに、どうして今日《きょう》、施設《しせつ》から逃《に》げだしたのだろう。大島《おおしま》くんは、なにから逃《に》げたいのだろう」

それが、当時《とうじ》の僕《ぼく》には、どうしてもわからなかったのです。

大島《おおしま》くんは、国道《こくどう》をふらふら歩《ある》いているところを警察《けいさつ》に保護《ほご》されました。

7
凶暴王《きょうぼうおう》の傷《きず》あと

施設《しせつ》の子《こ》どもたちのめんどうを見《み》る職員《しょくいん》さんには、やさしい職員《しょくいん》さんもいれば、そうでもない職員《しょくいん》さんもいました。

やさしくない職員《しょくいん》さんの代表格《だいひょうかく》は、子《こ》どもたちからヒスゴンと呼《よ》ばれていた中年《ちゅうねん》の職員《しょくいん》さんでした。

ヒスゴンはちょっとしたことで暴言《ぼうげん》を吐《は》くおばさんで、ヒスゴンの言葉《ことば》で傷《きず》ついて泣《な》きだす子《こ》どももいたんです。

同《おな》じ部屋《へや》の女子児童《じょしじどう》が、

「歌川《うたがわ》くんのお母《かあ》さんてきれいだね」

と言《い》ったとき、ヒスゴンは、

「あんなの私《わたし》はきれいだと思《おも》わない。あれだけ化粧《けしょう》すればだれだってきれいになる。水商売《みずしょうばい》みたいな化粧《けしょう》してさ」

と、吐《は》き捨《す》てました。

あのときのヒスゴンの顔《かお》は、今《いま》でも忘《わす》れられません。

ああいう大人《おとな》にだけはなりたくないと思《おも》った大人《おとな》の、記念《きねん》すべき第《だい》1号《ごう》でした。

すべての職員《しょくいん》さんが天使《てんし》なわけはないと、僕《ぼく》は早々《そうそう》に気《き》づいてしまいました。

ヒスゴンなんて別《べつ》にどうでもいいやと思《おも》って、やさしい職員《しょくいん》さんのファンになり、なかよくしていたんです。

ヒスゴンはそれがおもしろくなかったのか、僕《ぼく》が夜中《よなか》にマスターベーションしているというデマを、ほかの職員《しょくいん》さんに流《なが》しました。

まだ10歳《さい》の僕《ぼく》がマスターベーションしてるって。

いろいろな意味《いみ》で、ざんねんな人《ひと》だったんです。

夏休《なつやす》みが終《お》わって、みんながそれぞれの家《いえ》から施設《しせつ》にもどってくると、またいつもの施設《しせつ》での生活《せいかつ》がはじまりました。

大島《おおしま》くんも施設《しせつ》にもどってきましたが、夏休《なつやす》み前《まえ》とちがって、なんだか少《すこ》し、おとなしくなったような感《かん》じがしました。

翌日《よくじつ》には健康診断《けんこうしんだん》がありました。

男子《だんし》と女子《じょし》に分《わ》かれてパンツ一丁《ちょう》になり、まずは身長《しんちょう》と体重《たいじゅう》を測《はか》ってもらいました。

このときの担当《たんとう》が、ヒスゴンだったんです。

大島《おおしま》くんはなぜか、裸《はだか》になることを、かたくなに拒否《きょひ》しました。

ヒスゴンが「服《ふく》を脱《ぬ》ぎなさい」と命令口調《めいれいくちょう》で言《い》っても、顔《かお》も耳《みみ》も頭《あたま》の皮《かわ》まで真《ま》っ赤《か》にして「イヤだ」と言《い》うんです。

どうしてなのか、僕《ぼく》にはさっぱりわかりませんでした。

それはヒスゴンも同《おな》じだったらしく、イライラした様子《ようす》で、

「ぐだぐだ言《い》ってないで、早《はや》く脱《ぬ》ぎなさい！」

と、おそろしい顔《かお》で、大島《おおしま》くんを怒鳴《どな》りつけました。

それでも大島《おおしま》くんがイヤだと言《い》うと、今度《こんど》は大島《おおしま》くんのシャツをひっぱって、むりやり脱《ぬ》がそうとしたんです。

大島《おおしま》くんは悲鳴《ひめい》に近《ちか》いようなわめき声《ごえ》をあげて、ヒスゴンに蹴《け》りで応戦《おうせん》しました。

「大島《おおしま》ッ、おまえは自分《じぶん》に甘《あま》えてるッ」

ヒスゴンは怒《いか》り狂《くる》ってもっと大《おお》きな声《こえ》で怒鳴《どな》りました。

「大島《おおしま》くんだって甘《あま》えたいときはあるだろうけど、大島《おおしま》くんが甘《あま》える相手《あいて》っているんだろうか。自分《じぶん》に甘《あま》えるしかないのではないだろうか」

などと僕《ぼく》が考《かんが》えている間《あいだ》に、さんざん泣《な》いた大島《おおしま》くんは無抵抗《むていこう》になって、結局《けっきょく》は服《ふく》を脱《ぬ》がされました。

みんなが、大島《おおしま》くんの体《からだ》に目《め》が釘《くぎ》づけになりました。

大島《おおしま》くんの体《からだ》には無数《むすう》のアザやひっかき傷《きず》や、火傷《やけど》の痕《あと》みたいなものがありました。

体《からだ》じゅう傷《きず》だらけだったんです。

「どうしたんだろう、あの傷《きず》」

その場《ば》にいただれもが、そう思《おも》ったことでしょう。

ヒスゴンも、傷《きず》に気《き》がつかなかったはずはありませんでした。

なのに、ヒスゴンは気《き》づかないふりをしたんです。

大島《おおしま》くんの体重《たいじゅう》や身長《しんちょう》を測《はか》ると、ヒスゴンは、

「視力検査《しりょくけんさ》にいきなさい」

と、なにごともなかったかのように大島《おおしま》くんに言《い》ったのです。

大島《おおしま》くんは無表情《むひょうじょう》のまま、黙《だま》って服《ふく》を着《き》て出《で》ていきました。

次《つぎ》の日《ひ》、僕《ぼく》は大島《おおしま》くんに、
と聞《き》いてみました。大島《おおしま》くんは、

「どうしてケガしたの？」

「うるせぇ」

と言《い》って、僕《ぼく》に蹴《け》りを入《い》れました。

聞《き》いてはダメな空気《くうき》を、ものすごく出《だ》してきたので、それ以上《いじょう》は聞《き》けませんでした。

現在《げんざい》、日本《にっぽん》には虐待防止法《ぎゃくたいぼうしほう》（児童虐待《じどうぎゃくたい》の防止等《ぼうしなど》に関《かん》する法律《ほうりつ》）があって、虐待《ぎゃくたい》が疑《うたが》わしいと気《き》

づいた場合《ばあい》には、警察《けいさつ》や児童相談所《じどうそうだんじょ》などに通告《つうこく》することが義務《ぎむ》づけられています。

教育機関《きょういくきかん》や保育機関《ほいくきかん》ならば、なおさらのことです。

しかし、この当時《とうじ》にはそんな法律《ほうりつ》はありませんでした。

親《おや》が子《こ》どもを虐待《ぎゃくたい》して殺《ころ》してしまったとしても、殺人罪《さつじんざい》にしては刑罰《けいばつ》がかるく、懲役刑《ちょうえきけい》となっても執行猶予《しっこうゆうよ》つきとなる場合《ばあい》が多《おお》い時代《じだい》だったんです。

虐待《ぎゃくたい》されている子《こ》どもがいても、見《み》て見《み》ぬふりをする大人《おとな》が、たくさんいました。

そんな社会《しゃかい》の中《なか》で、虐待《ぎゃくたい》の事実《じじつ》が明《あか》るみに出《で》ないまま、虐待《ぎゃくたい》された子《こ》どもが命《いのち》を落《お》としたり、心身《しんしん》に消《き》えない傷《きず》を負《お》ったりしていたんです。

虐待《ぎゃくたい》があったとしても、なかったことにされて。

大島《おおしま》くんは、大人《おとな》になるまで生《い》きられませんでした。

14歳《さい》のときに亡《な》くなってしまったのです。

その知《し》らせを受《う》けたとき、僕《ぼく》は中学生《ちゅうがくせい》でしたが、あの身体測定《しんたいそくてい》の日《ひ》のことが鮮《あざ》やかに脳裏《のうり》にうかびました。

大島《おおしま》くんがなぜ亡《な》くなったのか、訃報《ふほう》のはがきのどこにも書《か》かれていませんでした。

お通夜《つや》にいったとき、施設《しせつ》にいた子《こ》どもたちや、施設《しせつ》の先生《せんせい》だった人《ひと》とたくさん会《あ》いましたが、なぜ大島《おおしま》くんが亡《な》くなったのかということについては、だれも話題《わだい》にしなかった。

事故《じこ》だったのか、病気《びょうき》だったのかさえ一切《いっさい》伏《ふ》せられて、だれにも伝《つた》えられなかったんです。

ただ、亡《な》くなったとだけしか。

「あのときヒスゴンが、適切《てきせつ》な処置《しょち》をしてくれていたら、大島《おおしま》くんは死《し》なずにすんだのだろうか」

もちろんそれは、僕《ぼく》にはわかりませんでしたが、どうしてもそう考《かんが》えてしまいました。

あのときのヒスゴンの行《おこな》いを、僕《ぼく》は忘《わす》れることができません。

もちろん、ヒスゴンだけが大島《おおしま》くんの傷《きず》を無視《むし》した大人《おとな》ではないと思《おも》っています。

でも僕《ぼく》の中《なか》で、ヒスゴンは「虐待《ぎゃくたい》を見《み》て見《み》ぬふりする大人《おとな》」の象徴《しょうちょう》になりました。

どうしても、どうしても、忘《わす》れることができません。

8 ばあちゃんとの別《わか》れ

施設《しせつ》での生活《せいかつ》は、楽《たの》しくないこともたくさんあったけど、楽《たの》しいことだってたくさんありました。

夏《なつ》には林《はやし》でカブトムシを捕《と》ったり、沼《ぬま》で釣《つ》りをしたりもしました。

みんなとトランプやゲームをしたのも楽《たの》しかったし、肝《きも》だめしだってやりました。

秋《あき》には芋掘《いもほ》り、栗拾《くりひろ》い。冬《ふゆ》はクリスマス会《かい》がありました。

生《う》まれてはじめて、餅《もち》つきもしました。

楽《たの》しいことはいろいろあったけれど、いちばん楽《たの》しかったのは、母《はは》やばあちゃんに手紙《てがみ》を書《か》く時間《じかん》でした。

ばあちゃんに手紙《てがみ》を書《か》くときは、ばあちゃんに読《よ》んでもらう絵本《えほん》を描《か》いていたことをいつも思《おも》いだしました。

あのときみたいに、ばあちゃんにほめてほしい一心《いっしん》で、神経《しんけい》を集中《しゅうちゅう》させて、はがきや便箋《びんせん》にむかっていたんです。

お誕生会《たんじょうかい》で劇《げき》をやったこととか、カラスうりを拾《ひろ》って図鑑《ずかん》で調《しら》べたこととか、ばあちゃんが喜《よろこ》んでくれるような文章《ぶんしょう》を書《か》くことに、全力《ぜんりょく》をつくしていました。

われながら上手《じょうず》に書《か》けたなと思《おも》ったときは、

「ばあちゃんにこの文章《ぶんしょう》のよさがわかるかな」

などと、生意気《なまいき》にも上《うえ》から目線《めせん》で考《かんが》えたりしていたんです。

母《はは》やばあちゃんから返事《へんじ》がくると、封筒《ふうとう》を開《あ》けるのももどかしいぐらい、うれしかった。

返事《へんじ》をもらうとすぐ、またその返事《へんじ》を書《か》きたくなりました。

そうこうしているうちに、文章《ぶんしょう》を書《か》くのがどんどん上手《じょうず》になっていく気《き》がして、手紙《てがみ》を書《か》くこと自体《じたい》に興奮《こうふん》をおぼえました。

もっともっとうまくなりたくて、図書室《としょしつ》の本《ほん》を手《て》あたり次第《しだい》に読《よ》んだりするようにもなったんですね。

このころから僕《ぼく》は、文章《ぶんしょう》を書《か》くことが好《す》きになったんだと思《おも》います。

そして、書《か》くのが大好《だいす》きになったことこそが、僕《ぼく》の将来《しょうらい》を大《おお》きく変《か》えていったのですが、そのころは、それに気《き》づくはずもありませんでした。

施設《しせつ》に入《はい》ってから1年《ねん》がすぎ、家《いえ》に帰《かえ》る日《ひ》がやってきました。

「おかえりなさい、たいちゃん。よくがんばったね」

ばあちゃんはおいなりさんを作《つく》ってくれていて、ケーキも買《か》ってきていました。

工場《こうじょう》の人《ひと》たちも次々《つぎつぎ》と声《こえ》をかけてくれて、ちょっと、スターになったみたいでした。

僕《ぼく》の身長《しんちょう》が1年《ねん》で7センチも伸《の》びていたので、みんなびっくりしていて、それもうれしかった。

そして、そのあとのことです。

母《はは》が、僕《ぼく》を呼《よ》びだして言《い》ったんです。

「お父《とう》さんとお母《かあ》さん、離婚《りこん》することになったから」

僕《ぼく》と姉《あね》は母《はは》といっしょにこの家《いえ》を出《で》ていくんだと、母《はは》は言《い》いました。

もう、すべてはすっかり決《き》まっていたんです。

僕《ぼく》はそのとき、まったく動《どう》じなかったわけではありませんでしたが、施設《しせつ》に入《はい》れと言《い》われたときのようなショックは受《う》けませんでした。

まだ11歳《さい》だったけれど、かなりのことがわかっていたんです。

父《ちち》に好《す》きな女《おんな》の人《ひと》がいるから離婚《りこん》するんだということも、本当《ほんとう》は母《はは》にも好《す》きな男《おとこ》の人《ひと》がいるんだということも。僕《ぼく》を施設《しせつ》に入《い》れたのは、離婚《りこん》の話《はな》し合《あ》いがくりかえされる中《なか》で、僕《ぼく》がよけいなことをしゃべるのを、母《はは》がおそれたからなんだということも。

そして、もう今《いま》までのようには、ばあちゃんと会《あ》えなくなるんだということも。

いよいよ家《いえ》を出《で》ていく日《ひ》、ばあちゃんは目《め》を真《ま》っ赤《か》にして、僕《ぼく》に言《い》いました。

「たいちゃんには、ばあちゃんがいるんだからね。なにかあったら、ばあちゃんに言《い》いなさい。たいちゃんは、ひとりじゃないからね」

僕《ぼく》は、「うん」と返事《へんじ》をしました。

でも、僕《ぼく》にはわかっていました。

これからは、ばあちゃんに言《い》ってもしかたがないことや、心配《しんぱい》かけちゃうから言《い》えないことがいっぱい増《ふ》えていくんだろうということが。

それでも、ばあちゃんからもらったはがきの残《のこ》りは、ばあちゃんが定年《ていねん》になって工場《こうじょう》を辞《や》め、引《ひ》っ越《こ》しをするまで、ずっと引《ひ》き出《だ》しにしまってありました。

9 母《はは》からの虐待《ぎゃくたい》がはじまった

父《ちち》と離婚《りこん》した母《はは》が、僕《ぼく》と姉《あね》を連《つ》れて引《ひ》っ越《こ》したのは、それまで以上《いじょう》にゴミゴミした町《まち》にある一《いっ》軒家《けんや》でした。

母《はは》は離婚《りこん》するときに父《ちち》からもらったお金《かね》でレストランのオーナーになったんですが、そのレストランは、ほどなくして、食事《しょくじ》をするというよりもお酒《さけ》を飲《の》む店《みせ》に変《か》わりました。

母《はは》の美貌《びぼう》に惹《ひ》かれた男性《だんせい》たちが飲《の》みにくる、要《よう》するに水商売《みずしょうばい》です。

まもなく、母《はは》はひとりの男《おとこ》の人《ひと》を家《いえ》に住《す》まわせるようになりました。

姉《あね》はそれに対《たい》して反発《はんぱつ》していましたが、僕《ぼく》はそうでもありませんでした。

美《うつく》しい母《はは》が、ものすごいパワーで異性《いせい》を惹《ひ》きつけることを前《まえ》から知《し》っていたし、遅《おそ》かれ早《はや》かれ、そういうことになるだろうと思《おも》っていたんです。

しかし、母《はは》と同棲《どうせい》する男《おとこ》の人《ひと》が次々《つぎつぎ》とかわって、そのたびにはげしく争《あらそ》い、母《はは》がしだいにすさんでいくことまでは想定《そうてい》していませんでした。

ましてや、不安定《ふあんてい》になった母《はは》が、僕《ぼく》のことをことあるごとに攻撃《こうげき》しはじめるとは思《おも》っていなかったんです。

「おまえなんかいらなかった、死《し》んでよ」

「あっちへいけ、気持《きも》ち悪《わる》い」

「おまえの醜《みにく》い顔《かお》見《み》ると、うんざりする」

母《はは》は毎日《まいにち》、僕《ぼく》にそんな言葉《ことば》を投《な》げつけてきました。

言葉《ことば》だけではありません。

暴力《ぼうりょく》も、すさまじかった。

胃《い》の中《なか》のものを吐《は》きだすぐらい、おなかを踏《ふ》みつけられました。

麺打《めんう》ち棒《ぼう》で、気《き》が遠《とお》くなるぐらい、頭《あたま》をぶたれました。

竹刀《しない》で、のどを突《つ》かれました。

手《て》の甲《こう》に、たばこを押《お》しつけられました。

家《いえ》の外《そと》に縛《しば》りつけられました。

もっともっと、ひどいことがいっぱいあったんですが、ある日《ひ》、一生忘《いっしょうわす》れられないようなことがおこりました。

小学《しょうがく》6年生《ねんせい》のときのことです。

僕《ぼく》は母《はは》に、刺身包丁《さしみぼうちょう》で切《き》りつけられたんです。

その前日《ぜんじつ》は、母《はは》の誕生日《たんじょうび》でした。

母《はは》は、僕《ぼく》がプレゼントしたものを、目《め》の前《まえ》で捨《す》てました。

僕《ぼく》はショックを受《う》け、怒《いか》りを感《かん》じていました。

翌日《よくじつ》の朝《あさ》、僕《ぼく》は母《はは》と目《め》をあわせられなくて、話《はな》しかけられても黙《だま》っていました。

そしたら、母《はは》は逆上《ぎゃくじょう》して、僕《ぼく》に包丁《ほうちょう》をふりおろしたんです。

とっさに腕《うで》でかばったので、切《き》られたのは腕《うで》でしたが、もし腕《うで》でかばわなかったら、切《き》られていたのは頭《あたま》でした。

腕《うで》がどうなったのか、反射的《はんしゃてき》に見《み》ようとした僕《ぼく》に、母《はは》はもう一度《いちど》包丁《ほうちょう》で切《き》りかかってきました。

二度目《にどめ》もまた腕《うで》でかばうことができましたが、ぎりぎりでした。

一度《いちど》ではなく、二度《にど》切《き》りつけられたことが、ショックでした。

一歩《いっぽ》まちがえれば、殺《ころ》されていたのかもしれません。

刺身包丁《さしみぼうちょう》は、ものすごい切《き》れ味《あじ》です。

腕《うで》が切《き》れていることにさえ気《き》がつかないほど、スパッと切《き》れていました。そのまま登校《とうこう》して学校《がっこう》に着《つ》き、クラスメイトに「血《ち》が出《で》てるぞ」と言《い》われて、はじめて気《き》がついたんです。

僕《ぼく》の服《ふく》は血《ち》だらけになっていました。

びっくりして、保健室《ほけんしつ》に駆《か》けこんだんです。

「おまえ、どこでケガしたんだ」

担任《たんにん》の先生《せんせい》が、そう聞《き》いてきました。

まさか「母《はは》に刺身包丁《さしみぼうちょう》で切《き》られました」とは、言《い》えませんでした。

「学校《がっこう》にくる途中《とちゅう》で落《お》ちていたブリキの板《いた》で遊《あそ》んでいて切《き》りました」

と、嘘《うそ》をついたんです。すると担任《たんにん》の先生《せんせい》は、

「本当《ほんとう》に通学路《つうがくろ》で切《き》ったのか」

と、追及《ついきゅう》してきました。

「通学路《つうがくろ》のどこでだ、どんなブリキだ、そこにはまだブリキが落《お》ちてるはずだな、たしかめにいってもいいのか。本当《ほんとう》は家《いえ》で切《き》ったんじゃないのか」

通学路《つうがくろ》に落《お》ちていたブリキで切《き》ったという嘘《うそ》は、破《は》たんしてしまいました。

「家《いえ》で包丁《ほうちょう》で遊《あそ》んでて切《き》りました」

と言《い》うと、先生《せんせい》はもう追及《ついきゅう》してきませんでした。

病院《びょういん》で傷《きず》を縫《ぬ》ってもらうことになったんですが、

「家《いえ》でケガしたなら、学校《がっこう》は責任《せきにん》を負《お》わない」

と、先生《せんせい》はちょっとほっとしたように僕《ぼく》に言《い》いました。

「学校《がっこう》から保険《ほけん》はおりないから、あとで病院《びょういん》に金《かね》を払《はら》いにいくようにお母《かあ》さんに言《い》っとけ」

ひとりで遊《あそ》んでいて、腕《うで》に、しかもひじに近《ちか》い場所《ばしょ》に4針《はり》も縫《ぬ》うようなケガをするのは不自然《ふしぜん》だと、先生《せんせい》にだってわかっていたはずでした。

でも、先生《せんせい》は見《み》て見《み》ぬふりをしたんです。

この当時《とうじ》はこんなふうに、虐待《ぎゃくたい》に気《き》づきながらも、それを無視《むし》する大人《おとな》が、おおぜいいいました。

そして僕《ぼく》も、母《はは》がやったのではないかと先生《せんせい》が

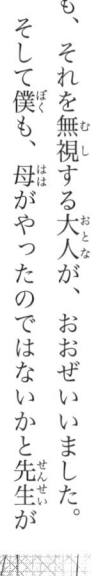

騒《さわ》いだりしないように、母《はは》をかばってしまいました。

前《まえ》にも書《か》きましたが、今《いま》の社会《しゃかい》では、虐待《ぎゃくたい》の可能性《かのうせい》があるのに、それに気《き》づかないふりをすることは、違法《いほう》です。

警察《けいさつ》や保健所《ほけんじょ》、児童相談所《じどうそうだんじょ》などに通告《つうこく》することが義務《ぎむ》づけられているんです。

このときの担任《たんにん》の先生《せんせい》は、今《いま》だったら違法行為《いほうこうい》をしたことになります。

今《いま》は社会全体《しゃかいぜんたい》で、子《こ》どもを虐待《ぎゃくたい》やいじめから守《まも》ろうと取《と》り組《く》んでいるんです。

しかし虐待《ぎゃくたい》されている本人《ほんにん》が虐待《ぎゃくたい》されていることを正直《しょうじき》に言《い》わないと、学校《がっこう》をはじめ行政機関《ぎょうせいきかん》なども非常《ひじょう》に動《うご》きづらくなります。

本人《ほんにん》が虐待《ぎゃくたい》の事実《じじつ》を否定《ひてい》したまま、虐待《ぎゃくたい》の証拠《しょうこ》を見《み》つけだしていくことは、容易《ようい》なことではありません。

ところが、自分《じぶん》は虐待《ぎゃくたい》されていると、率直《そっちょく》に話《はな》せる子《こ》どもは、あまりいません。

子《こ》どもはたいてい、親《おや》をかばってしまいます。

親《おや》に暴力《ぼうりょく》をふるわれるのは自分《じぶん》が悪《わる》いのだと、だからこれは虐待《ぎゃくたい》ではないのだと思《おも》いこんでしまうのです。

殺《ころ》されそうになっても、親《おや》をかばってしまいます。

いつだって子《こ》どもは、親《おや》をかばってしまうんです。

どんなことをされても、親《おや》を嫌《きら》いになることができないんです。

親《おや》を嫌《きら》いになるぐらいなら自分《じぶん》を嫌《きら》いになるほうを選《えら》んでしまうのが、子《こ》どもなんです。


学校《がっこう》から帰《かえ》ってくると、母《はは》が同棲相手《どうせいあいて》の男《おとこ》の人《ひと》に甘《あま》えている声《こえ》が聞《き》こえてきました。

僕《ぼく》を「気持《きも》ち悪《わる》い、醜《みにく》い、死《し》んでよ」と罵《ののし》る声《こえ》とは、まったくちがう声《こえ》でした。

いたたまれなくなった僕《ぼく》は、黙《だま》って冷蔵庫《れいぞうこ》の中《なか》にある食《た》べ物《もの》を食《た》べはじめました。

このころ、僕《ぼく》は施設《しせつ》に入《はい》る前《まえ》より太《ふと》ってしまっていました。

しょっちゅう冷蔵庫《れいぞうこ》を開《あ》けては、食《た》べまくっていたからです。

冷蔵庫《れいぞうこ》を開《あ》け、食《た》べ物《もの》がいっぱいあると安心《あんしん》できたんです。

僕《ぼく》が食《た》べていいものが、いっぱいあるということは、僕《ぼく》がこの家《いえ》にいてもいいということだと思《おも》えたからです。

僕《ぼく》は生《い》きていてもいいんだと言《い》われているような気《き》がしました。

僕《ぼく》は一日《いちにち》に何度《なんど》も何度《なんど》も冷蔵庫《れいぞうこ》を開《あ》け、パンや唐揚《からあ》げやポテトサラダや焼《や》き豚《ぶた》やソーセージを食《た》べまくりました。

そのころの僕《ぼく》と母《はは》は、冷蔵庫《れいぞうこ》でしか、つながっていなかった。

というか、冷蔵庫《れいぞうこ》が、僕《ぼく》のお母《かあ》さんでした。

やがて、思春期《ししゅんき》に突入《とつにゅう》していった僕《ぼく》は、しだいに母《はは》に反発《はんぱつ》をおぼえるようになりました。

どうして母《はは》は僕《ぼく》につらく当《あ》たるのだろうという悲《かな》しい気持《きも》ちから、怒《いか》りの感情《かんじょう》がわきおこってきたんです。

子《こ》どもは、無力《むりょく》です。

家《いえ》の中《なか》で親《おや》に暴力《ぼうりょく》をふるわれたら、逃《に》げ場《ば》なんてどこにもありません。

「僕《ぼく》だって生《い》きているんだから、こんな目《め》に遭《あ》わせていいはずない」

そう思《おも》うと、くやしくてしかたがありませんでした。

そう思《おも》いながらも、無力《むりょく》な僕《ぼく》が母《はは》に抵抗《ていこう》することはできませんでした。

いつか、ふとしたきっかけで母《はは》に殺《ころ》されるかもしれません。

ホラー映画《えいが》や戦争映画《せんそうえいが》の中《なか》に迷《まよ》いこんだような気持《きも》ちを抱《かか》えて毎日《まいにち》をすごし、僕《ぼく》は中学生《ちゅうがくせい》になりました。

10 再《ふた》びいじめのターゲットに

僕《ぼく》が入学《にゅうがく》した公立中学校《こうりつちゅうがっこう》は、あまり学力《がくりょく》が高《たか》い学校《がっこう》ではありませんでした。

都内《とない》でも下位《かい》25％に入《はい》っていたのではないかと思《おも》います。

それを補《おぎな》うかのように、スポーツに非常《ひじょう》に力《ちから》を入《い》れていたんです。

スポーツに秀《ひい》でた生徒《せいと》が、ほかの生徒《せいと》からリスペクトされていたし、先生《せんせい》からもかわいがられていました。

「勉強《べんきょう》がいくらできても、スポーツができないやつはダメだ」

と、学年主任《がくねんしゅにん》の先生《せんせい》が授業中《じゅぎょうちゅう》に説教《せっきょう》するぐらいだったんです。

そんな中《なか》で僕《ぼく》は、スポーツが得意《とくい》ではない生徒《せいと》でした。

本《ほん》を読《よ》んだり、小説家《しょうせつか》になったつもりで文章《ぶんしょう》を書《か》いたりするほうが、断然好《だんぜんす》きだったんです。

そういう時間《じかん》だけが、なにもかもを忘《わす》れられる時間《じかん》でした。

また、このころの僕《ぼく》はアトピー性皮膚炎《せいひふえん》に悩《なや》まされ、体《からだ》じゅうがかさぶただらけだったので、体育《たいいく》の授業《じゅぎょう》を受《う》けるのも苦痛《くつう》でした。

関節《かんせつ》を動《うご》かすとかさぶたが割《わ》れて、血《ち》が出《で》てくるんです。

当時《とうじ》はまだ、今《いま》とちがってアトピーの人《ひと》は少《すく》なくて、アトピーについて知《し》っている人《ひと》も、ほとんどいませんでしたから、僕《ぼく》はただ「体《からだ》を動《うご》かすのが嫌《きら》いなやつ」と認識《にんしき》されてしまいました。

そんな僕《ぼく》は、再《ふたた》びはげしいいじめを受《う》けるようになってしまったんです。

体《からだ》じゅうの皮膚疾患《ひふしっかん》を、まずは気味悪《きみわる》がられました。

「うつるんじゃないか」

「どれだけ不潔《ふけつ》にしたら、そんなふうになるんだ」

クラスメイトは、僕《ぼく》が近《ちか》よると逃《に》げるようになりました。

母《はは》も姉《あね》も先生《せんせい》も、口々《くちぐち》に僕《ぼく》を「不潔《ふけつ》だ」と言《い》いました。

もう、全世界《ぜんせかい》が敵《てき》みたいな状況《じょうきょう》です。

クラスメイトたちはしだいに、僕《ぼく》のことを攻撃《こうげき》するようになっていったんです。

まず、バイキン扱《あつか》いがはじまりました。

そこから攻撃《こうげき》はエスカレートして、事態《じたい》は「いじめ自殺《じさつ》」のニュースで見《み》るようなものとほとんどちがわないものとなりました。

なんとかしなくてはと思《おも》った僕《ぼく》は、皮膚科《ひふか》の先生《せんせい》に診《み》てもらったのですが、そのころはアトピーの治療法《ちりょうほう》はおろか、アトピーというものをちゃんと認識《にんしき》しているお医者《いしゃ》さんさえ少《すく》なかったのです。

とりあえず塗《ぬ》り薬《ぐすり》を処方《しょほう》されたんですが、その薬《くすり》が臭《くさ》いということで、僕《ぼく》はさんざんクラスメイトからの攻撃《こうげき》を受《う》けました。

休《やす》み時間《じかん》に席《せき》で本《ほん》を読《よ》んでいると、うしろから頭《あたま》にゴミ箱《ばこ》をかぶせられ、数人《すうにん》から蹴《け》られたりしたんです。

女子《じょし》からは「臭《くさ》くて迷惑《めいわく》だから、学校《がっこう》にこないでくれない？」と、言《い》われました。

「でも、薬《くすり》を塗《ぬ》らないと治《なお》らないから」と僕《ぼく》が言《い》うと、数人《すうにん》の女子《じょし》からいっせいに「もっと清潔《せいけつ》にすればいいでしょ」と責《せ》めたてられました。

「もっと清潔《せいけつ》にしろ」とは、先生《せんせい》からも母《はは》からも言《い》われました。

だから僕《ぼく》は、風呂《ふろ》で執拗《しつよう》に体《からだ》をこすって洗《あら》うようになったんです。

石鹸《せっけん》も、殺菌力《さっきんりょく》の強《つよ》いものを使《つか》いました。

アトピーになったボロボロの皮膚《ひふ》に、そんなことをして、いいわけがありません。

体《からだ》じゅう、血《ち》だらけになりました。

ひじやひざを動《うご》かしただけで、かさぶたが割《わ》れ、痛《いた》みが走《はし》り、服《ふく》は血《ち》だらけになりました。

母《はは》は、「風呂場《ふろば》にかさぶたが落《お》ちている！」と言《い》って、僕《ぼく》を平手打《ひらてう》ちしました。

姉《あね》は、僕《ぼく》と同《おな》じトイレを使《つか》うのはいやだと言《い》うようになりました。

みんなに不潔《ふけつ》だと責《せ》められましたが、いちばんはげしく僕《ぼく》を責《せ》めつづけたのは自分自身《じぶんじしん》でした。

自分《じぶん》の全身《ぜんしん》を鏡《かがみ》に映《うつ》して見《み》るたびに、なんて醜《みにく》いんだろう、なんて汚《きたな》いんだろうと、つくづくそう感《かん》じていたんです。


自宅《じたく》でも、学校《がっこう》でも、さまざまなストレスをつのらせた僕《ぼく》は、かゆみによる不眠《ふみん》や、成長期《せいちょうき》のもろい精神状態《せいしんじょうたい》も相《あい》まって、しだいに攻撃的《こうげきてき》になっていきました。

自分《じぶん》に痛《いた》みを与《あた》えてくる母《はは》に対《たい》して、攻撃《こうげき》しかえすようになっていったんです。

「醜《みにく》い、汚《きたな》い」などと母《はは》に言《い》われると、「殺《ころ》せばいいじゃん」と僕《ぼく》は言《い》いました。

「前《まえ》にも殺《ころ》そうとしたよね。殺《ころ》せるもんなら、殺《ころ》しなよ。でも悪《わる》いけど、僕《ぼく》は死《し》なないから。母《かあ》さんが僕《ぼく》に心《こころ》から謝《あやま》るまで、絶対《ぜったい》に死《し》なないから」などと、吐《は》き捨《す》てました。

読書量《どくしょりょう》ではだれにも負《ま》けなかった僕《ぼく》は、言葉《ことば》という武器《ぶき》を操《あやつ》ることをおぼえました。言葉《ことば》で傷《きず》つけられてばかりいたけれども、傷《きず》つけかえすこともできるのだと知《し》って、それに興《こう》奮《ふん》をおぼえるようになっていったんです。

しかし、武器《ぶき》としている言葉《ことば》で自分自身《じぶんじしん》のことを傷《きず》つけることも、多々《たた》ありました。

「おまえなんか死《し》んだほうがいい」

と、自分《じぶん》を追《お》いつめるようにもなっていったんです。

そうこうするうちに、脳内《のうない》で「死《し》ね」という言葉《ことば》がずっとリピートされるようになっていきました。

なにをしていても頭《あたま》の中《なか》で「死《し》ね」という声《こえ》が聞《き》こえつづけるんです。

母《はは》の罵声《ばせい》やクラスメイトの嘲笑《ちょうしょう》が、脳内《のうない》に鳴《な》り響《ひび》くようにもなりました。

ふりきろうとしても、できません。

どうやっても、どうやっても、どうやっても止《と》まらないんです。

そんな状態《じょうたい》がつづくうちに、本当《ほんとう》に死《し》にたくなってきました。

「死《し》んだら、ぜんぶ終《お》わるんだよな」

どうやって死《し》ぬのがいいのか、その方法《ほうほう》をずっと考《かんが》えたりするようになっていきました。

11
高校中退《こうこうちゅうたい》、そして家出《いえで》

中学校《ちゅうがっこう》を卒業《そつぎょう》するころ、父《ちち》が経営《けいえい》していた工場《こうじょう》が倒産《とうさん》して、父《ちち》は失踪《しっそう》してしまいました。

「あの工場《こうじょう》は、もうないんだな」

と思《おも》うとさびしい気持《きも》ちもありましたが、僕《ぼく》の精神状態《せいしんじょうたい》は最悪《さいあく》だったので、感傷《かんしょう》にひたっている余裕《よゆう》はありませんでした。

ばあちゃんはすでに定年退職《ていねんたいしょく》していたんですが、ばあちゃんとの連絡《れんらく》も途絶《とだ》えてしまっていたんです。

高校《こうこう》に入《はい》ってから、僕《ぼく》の精神状態《せいしんじょうたい》は、ますますおかしくなっていきました。

ずっとだれかに監視《かんし》されている妄想《もうそう》や、悪口《わるくち》を言《い》われつづけているという思《おも》いこみが24時間《じかん》、頭《あたま》からはなれないんです。

自分《じぶん》の脳《のう》が作《つく》りだした幻想《げんそう》は、ほかのだれかから攻撃《こうげき》を受《う》けるよりも、もっとはげしい苦痛《くつう》を僕《ぼく》に与《あた》えました。

そして僕《ぼく》は高校《こうこう》で、自分《じぶん》の人生《じんせい》をひっくりかえしてしまうような事件《じけん》をおこしてしまったんです。

その日《ひ》、僕《ぼく》は頭痛《ずつう》がひどくなって授業中《じゅぎょうちゅう》に保健室《ほけんしつ》へいき、次《つぎ》の授業《じゅぎょう》だった体育《たいいく》を欠席《けっせき》しました。

昼休《ひるやす》みが終《お》わって教室《きょうしつ》に帰《かえ》ると、数人《すうにん》のクラスメイトがニヤニヤしながら僕《ぼく》に言《い》いました。

「おまえ、サボリだろ」

「ちがうよ」

僕《ぼく》がそう答《こた》えると、クラスメイトたちは顔《かお》を見《み》あわせて笑《わら》いました。

「先生《せんせい》はサボリだって思《おも》ってるよ、おまえに単位《たんい》やらないって言《い》ってた」

驚《おどろ》いた僕《ぼく》の顔《かお》を見《み》て、クラスメイトは嘲《あざけ》るようにゲラゲラ笑《わら》いました。

どうしてなのかはよくわかりませんが、僕《ぼく》はこのとき、キレてしまったんです。

あんなに暴力《ぼうりょく》が嫌《きら》いだった僕《ぼく》が大暴《おおあば》れをして、クラスメイトも建物《たてもの》も傷《きず》つけてしまいました。

なぜ、そんなひと言《こと》でキレてしまったのか、自分《じぶん》でも不思議《ふしぎ》に思《おも》いながら、自分《じぶん》の中《なか》から噴《ふ》きだしてくる衝動《しょうどう》を抑《おさ》えることができなかった。

僕《ぼく》は警察《けいさつ》につかまって、二度《にど》と学校《がっこう》に登校《とうこう》することはありませんでした。

どうして僕《ぼく》は、罪《つみ》を犯《おか》してしまったのでしょう。

精神状態《せいしんじょうたい》が不安定《ふあんてい》だったことを、言《い》い訳《わけ》にするつもりはありません。

悪《わる》いことをしたのだから、警察《けいさつ》につかまったり、罰《ばつ》を受《う》けたりするのは当《あ》たり前《まえ》のことです。

とうぜん、僕《ぼく》には罰《ばつ》が与《あた》えられました。

学校《がっこう》から自主退学《じしゅたいがく》しろと言《い》われ、退学《たいがく》することになったのです。

警察《けいさつ》で調書《ちょうしょ》をとられているとき、僕《ぼく》の発言《はつげん》がかなりおかしかったようで、警察官《けいさつかん》は僕《ぼく》を精神科《せいしんか》医《い》のところに連《つ》れていきました。

そこで僕《ぼく》は精神科医《せいしんかい》に「心因反応《しんいんはんのう》」という病気《びょうき》だと診断《しんだん》されました。

幻覚《げんかく》や幻聴《げんちょう》を引《ひ》きおこす、一時的《いちじてき》な心《こころ》の病気《びょうき》です。

僕《ぼく》は書類送検《しょるいそうけん》されて、家庭裁判所《かていさいばんしょ》からの呼《よ》び出《だ》しを待《ま》つことになりました。

このときに、思《おも》い知《し》ったこと。

それは、どんなに傷《きず》つけられても、人《ひと》に危害《きがい》を加《くわ》えちゃいけないんだっていうことです。

当《あ》たり前《まえ》のことですが、傷《きず》つけられつづけていると、それを忘《わす》れてしまいます。

痛《いた》みをかえすことばかりを考《かんが》えてしまうんです。

でも、どんな事情《じじょう》があっても、罪《つみ》を犯《おか》せば罰《ばっ》せられ、犯罪者《はんざいしゃ》の気持《きも》ちなどだれもわかろうとはしてくれません。

味方《みかた》になってくれたかもしれない人《ひと》たちも、みんな背《せ》をむけてしまいます。

ほかでもない自分自身《じぶんじしん》のために、他人《たにん》を傷《きず》つけてはいけないんです。

それを僕《ぼく》は、このときに骨身《ほねみ》にしみて思《おも》い知《し》りました。

僕《ぼく》は、ずっと忘《わす》れないようにしてきました。

このときの僕《ぼく》はたしかに被害者《ひがいしゃ》の側面《そくめん》もあったけれど、加害者《かがいしゃ》でもあったことを。


学校《がっこう》を退学《たいがく》してから、1カ月後《げつご》。

家庭裁判所《かていさいばんしょ》からの呼《よ》び出《だ》しを受《う》けて、母《はは》と2人《ふたり》で家庭裁判所《かていさいばんしょ》にいきました。

20歳未満《さいみまん》の少年犯罪《しょうねんはんざい》は、家庭裁判所《かていさいばんしょ》によって裁《さば》かれ、どのような措置《そち》がとられるかが決《き》まるんです。

保護観察官《ほごかんさつかん》との面談《めんだん》の中《なか》で、母《はは》は保護観察官《ほごかんさつかん》にむかって、僕《ぼく》のことを責《せ》めたてるような言葉《ことば》をならべました。

僕《ぼく》の欠点《けってん》や反抗的《はんこうてき》な態度《たいど》をあげつらったんです。

「もう、私《わたし》の手《て》には負《お》えません」

母《はは》は、僕《ぼく》のとなりでそう言《い》いました。

保護観察官《ほごかんさつかん》は年配《ねんぱい》の女性《じょせい》でした。

母《はは》の言葉《ことば》をじっと聞《き》いたあと、厳《きび》しい口調《くちょう》で母《はは》に言《い》いました。

「あんたの家庭《かてい》は、ものすごく複雑怪奇《ふくざつかいき》な家庭《かてい》だね。母親《ははおや》がそうとう悪《わる》い。これじゃ、子《こ》どもがかわいそうだ」

まさか自分《じぶん》が責《せ》められるとは思《おも》っていなかった母《はは》は、顔色《かおいろ》を変《か》えて怒《いか》りをあらわにしました。

「なに言《い》ってるんですか、あなたになにがわかるの！」

母《はは》は大《おお》きな声《こえ》を出《だ》しましたが、保護観察官《ほごかんさつかん》は家庭問題《かていもんだい》のスペシャリストです。

さまざまなタイプの親《おや》と面談《めんだん》してきたプロです。

母《はは》がすごい剣幕《けんまく》で怒鳴《どな》っても、微動《びどう》だにしませんでした。

僕《ぼく》は母《はは》に虐待《ぎゃくたい》されてきたとは、ひと言《こと》も言《い》っていなかったんですが、すべてお見通《みとお》しという感《かん》じがしました。

「黙《だま》りなさい！」

鋭《するど》い一喝《いっかつ》で母《はは》の言葉《ことば》を制《せい》した保護観察官《ほごかんさつかん》は、生活態度《せいかつたいど》や子《こ》どもへの態度《たいど》を改《あらた》めるように母《はは》に迫《せま》ったのでした。

すると母《はは》は急《きゅう》に心《こころ》を閉《と》ざして、なにも言《い》わなくなりました。聞《き》いているふりをして、時間《じかん》がすぎていくのを待《ま》つ態度《たいど》をとりはじめたんです。

「保護観察《ほごかんさつ》」

それが、僕《ぼく》に下《くだ》された処分《しょぶん》でした。

家《いえ》で普通《ふつう》の生活《せいかつ》を送《おく》りながら、毎月《まいつき》、保護司《ほごし》に近況《きんきょう》を報告《ほうこく》する義務《ぎむ》が課《か》せられました。


家庭裁判所《かていさいばんしょ》から出《で》ると母《はは》は、「もう、あんたの顔《かお》も見《み》たくない」と、僕《ぼく》に言《い》いました。

そして、タクシーを拾《ひろ》って、僕《ぼく》をおいてひとりで帰《かえ》ってしまいました。

電車賃《でんしゃちん》もなかった僕《ぼく》は、霞《かすみ》が関《せき》にある家庭裁判所《かていさいばんしょ》から下町《したまち》の家《いえ》まで、歩《ある》いて帰《かえ》らねばなりませんでした。

家《いえ》まで歩《ある》く道《みち》すがら、僕《ぼく》は母《はは》に謝《あやま》ろうと思《おも》っていました。

せっかく入学《にゅうがく》させてもらった高校《こうこう》を退学《たいがく》して、お金《かね》をドブに捨《す》てることになったわけだし、警《けい》察《さつ》や家庭裁判所《かていさいばんしょ》にいかなければならなくなったのも僕《ぼく》のせいです。

保護観察官《ほごかんさつかん》に責《せ》められたことは、プライドの高《たか》い母《はは》にとっては、さぞかしつらいことだっただろうと思《おも》ったのです。

家《いえ》に帰《かえ》ると、母《はは》の店《みせ》の常連客《じょうれんきゃく》たちが、母《はは》といっしょにそろって僕《ぼく》を待《ま》ちかまえていました。

みんな、美《うつく》しい母《はは》に魅了《みりょう》されていて、あわよくば母《はは》と個人的《こじんてき》につきあいたいと思《おも》っている人《ひと》たちです。

母《はは》はカリスマ的《てき》な威光《いこう》で、常連客《じょうれんきゃく》たちを信者《しんじゃ》にしていました。

僕《ぼく》は彼《かれ》らから、魔女狩《まじょが》り裁判《さいばん》のように断罪《だんざい》されることになったんです。

「親《おや》をこんな目《め》に遭《あ》わせて、一体《いったい》どういうつもりなんだ」

「もうしわけないと思《おも》わないのか」

「親《おや》の気持《きも》ちを踏《ふ》みにじるのか」

正直《しょうじき》いって僕《ぼく》は、「おまえたちになにがわかる」と、心《こころ》の中《なか》が、怒《いか》りでいっぱいになりました。

母《はは》と2人《ふたり》で話《はな》せるのならば素直《すなお》に謝《あやま》れたのに、こんな人《ひと》たちを招集《しょうしゅう》していた母《はは》にも、はげしい憤《いきどお》りを感《かん》じました。

多勢《たぜい》に無勢《ぶぜい》でしたが、なにか一矢《いっし》報《むく》いてやろうと、破壊力《はかいりょく》のある言葉《ことば》を考《かんが》えはじめました。

けれど、このあとの母《はは》のひと言《こと》で、心《こころ》が折《お》れてしまったんです。

「あんた、精神科《せいしんか》の医者《いしゃ》にいろいろと嘘《うそ》を言《い》って、病気《びょうき》だと思《おも》わせたんじゃないの？　本当《ほんとう》は病気《びょうき》なんかじゃなかったんでしょう」

もう、だめだ。

全身《ぜんしん》から力《ちから》が抜《ぬ》けていきました。

なにも感《かん》じないというか、自分《じぶん》の心《こころ》が自分《じぶん》のものではなくなってしまうという感覚《かんかく》でした。

心《こころ》が、なにも感《かん》じない闇《やみ》の中《なか》に吸《す》いこまれてしまうようでした。

「このままここにいたら、自分《じぶん》が壊《こわ》れてしまう」

そう思《おも》った僕《ぼく》は、その晩《ばん》、母《はは》の金《かね》を盗《ぬす》んで荷物《にもつ》をまとめ、家《いえ》から飛《と》びだしてしまったんです。

12 僕《ぼく》はブタだ

家《いえ》を出《で》た僕《ぼく》は、幸《さいわ》いにも、すぐに職《しょく》を得《え》ることができました。

やってはいけないことだったんですが、本当《ほんとう》は17歳《さい》のところを18歳《さい》だと嘘《うそ》をついたんです。

そうして、都内《とない》にある食肉市場《しょくにくしじょう》に、アルバイトとして雇《やと》ってもらうことができました。

しばらくは、あちこちのサウナに転々《てんてん》と泊《と》まりながら、僕《ぼく》は仕事《しごと》に通《かよ》っていました。

そこには、若《わか》い職員《しょくいん》はいませんでした。

ほとんどが、集団就職《しゅうだんしゅうしょく》で地方《ちほう》から出《で》てきた、年配《ねんぱい》の人《ひと》ばかり。

若者《わかもの》がめずらしかったみたいで、僕《ぼく》をかわいがってくれたんです。

さんざん虐《しいた》げられてきた家《いえ》や学校《がっこう》から解放《かいほう》されて、僕《ぼく》は広《ひろ》い世界《せかい》にこられたような気《き》がしていました。

夕方《ゆうがた》になって仕事《しごと》が終《お》わると、職員《しょくいん》さんたちはいつも市場内《しじょうない》の詰《つ》め所《しょ》のようなところで、すぐに酒《さけ》を飲《の》みはじめました。

若《わか》い僕《ぼく》がお酌《しゃく》をしてあげると、喜《よろこ》んでくれました。

年配《ねんぱい》の職員《しょくいん》さんたちは、僕《ぼく》がドギマギするのが楽《たの》しいみたいで、エッチな話《はなし》をわざとしてきたんです。

僕《ぼく》が酒《さけ》を飲《の》んだわけでもないのに赤《あか》くなったりすると、みんな手《て》をたたいて喜《よろこ》んでいました。

そんな仕事《しごと》のあとのひとときが、すごく居心地《いごこち》がよくて、僕《ぼく》はしょっちゅうそこで夕食《ゆうしょく》をごちそうになったりしていました。

子《こ》どものころに大好《だいす》きだった工場《こうじょう》の人《ひと》たちを、よく思《おも》いだしていたんです。

しばらくすると、アパートを引《ひ》き払《はら》って故郷《こきょう》に帰《かえ》るという職員《しょくいん》さんがあらわれて、ないしょでアパートを又貸《またが》ししてもらえることになりました。

これも本当《ほんとう》はやっちゃいけないことだったんですが、17歳《さい》の僕《ぼく》が部屋《へや》を借《か》りるには、そうするほかはありませんでした。

四畳半《よじょうはん》ひと間《ま》の風呂《ふろ》なしアパートでしたけど、職場《しょくば》にある風呂《ふろ》には、毎日《まいにち》タダで入《はい》れたんです。

カーテンも布団《ふとん》もテレビもおいていってもらえて、本当《ほんとう》に助《たす》かりました。

「ひとりで暮《く》らしていける」

自分《じぶん》の部屋《へや》を持《も》っただけで、そんな気持《きも》ちになれました。


現在《げんざい》はどうかわかりませんが、僕《ぼく》の職場《しょくば》は休憩時間《きゅうけいじかん》が長《なが》かったんです。

それが、僕《ぼく》にとってはありがたいところでした。

本《ほん》をたっぷり読《よ》むことができたからです。

そこで本《ほん》を読《よ》んでる人《ひと》なんて、まずいませんでしたから、僕《ぼく》はよく休憩所《きゅうけいじょ》で、

「おう、文学青年《ぶんがくせいねん》！」

なんて冷《ひ》やかされていました。

自分《じぶん》では競馬新聞《けいばしんぶん》ぐらいしか読《よ》まない職員《しょくいん》さんたちが、僕《ぼく》が新《あたら》しい本《ほん》を読《よ》んでいると、すぐに気《き》づくんです。

「もう読《よ》んじゃったのか、さすが文学青年《ぶんがくせいねん》だな」

と、いろいろな職員《しょくいん》さんたちが、口々《くちぐち》に声《こえ》をかけてきました。

それはうれしかったんですが、まだまだ子《こ》どもだった僕《ぼく》はちょっと恥《は》ずかしくて、天気《てんき》のいい日《ひ》は、ひと気《け》のない豚舎《とんしゃ》の前《まえ》で本《ほん》を読《よ》んでいました。

豚舎《とんしゃ》の柵《さく》の中《なか》には、翌日《よくじつ》に肉《にく》にされるブタがたくさんいます。

そのころ、僕《ぼく》はもうデブではなくなっていたんですが、長《なが》い間《あいだ》、クラスメイトや姉《あね》からブタと言《い》われてきたせいか、ブタを見《み》ていると、不思議《ふしぎ》に親近感《しんきんかん》がわいてきたんです。

開《ひら》いていた本《ほん》を閉《と》じて、ずっとブタをながめているときもありました。

「どんな命《いのち》も、かけがえのないものだと、みんなが言《い》う。でも、このブタたちのように、人間《にんげん》に食《た》べられるために生《う》まれてくる命《いのち》だってある」

ぼんやりと、そんなことをよく考《かんが》えていました。

「自分《じぶん》に誇《ほこ》りを持《も》てとか、自分《じぶん》を信《しん》じろとか、そんなことを言《い》う大人《おとな》がいっぱいいるけれど、このブタたちのように、自分《じぶん》が自分《じぶん》であることを、ぜんぜん喜《よろこ》べない存在《そんざい》だってたしかにある。僕《ぼく》も、そのうちのひとつだ。命《いのち》は尊《とうと》いだとか、そんな雑《ざつ》な一般論《いっぱんろん》から除外《じょがい》された存在《そんざい》。僕《ぼく》は、このブタたちとおんなじだ」

ブタたちを見《み》ながら、そんなネガティブなことばかり考《かんが》えていました。

家《いえ》や学校《がっこう》からはなれても、母《はは》やクラスメイトたちから虐《しいた》げられてきた記憶《きおく》が頻繁《ひんぱん》によみがえり、僕《ぼく》を苦《くる》しめていたからです。

僕《ぼく》を指《ゆび》さしてゲラゲラ笑《わら》っているような声《こえ》が、「死《し》ね」と囁《ささや》いてくる声《こえ》が、どこからか聞《き》こえてくるような気《き》がしていたんです。

ゲラゲラ笑《わら》われることは、僕《ぼく》にとって恐怖《きょうふ》そのものでした。学校《がっこう》で暴力《ぼうりょく》をふるってきたクラスメイトや、精神的《せいしんてき》なダメージを与《あた》えてきたクラスメイトは、かならずゲラゲラ笑《わら》っていたからでしょう。

高校《こうこう》を中退《ちゅうたい》するきっかけになった事件《じけん》をおこしたときも、ゲラゲラ笑《わら》われたことで追《お》いつめられたような気持《きも》ちになり、ついにキレてしまったのです。

すべてのものを破壊《はかい》して、そのあと自滅《じめつ》したいという衝動《しょうどう》が体《からだ》を貫《つらぬ》いて、顔《かお》が熱《あつ》くなり、わなわなと震《ふる》え、凶暴《きょうぼう》な気持《きも》ちになってしまったのです。

ゲラゲラと嘲《あざけ》るように笑《わら》われると、あのときの自分《じぶん》にもどってしまいそうで、本当《ほんとう》に怖《こわ》かった。

なのに、脳内《のうない》のどこかで、いつもだれかに嘲笑《ちょうしょう》されているような気《き》がしてしまうんです。

そんなときの唯一《ゆいいつ》の救《すく》いが、歌《うた》を歌《うた》うことでした。

歌《うた》といっても鼻歌《はなうた》ですが、好《す》きな歌《うた》を歌《うた》うことで、揺《ゆ》らいだ気持《きも》ちをひとときを落《お》ちつかせることができました。

ブタの前《まえ》で人間《にんげん》が無心《むしん》に歌《うた》っているなんて、ハタから見《み》たら異様《いよう》な光景《こうけい》だったかもしれませんが、聞《き》いているのはブタだけだったので、おおげさに身《み》ぶりや手《て》ぶりをつけて歌《うた》っていたんです。

そんな僕《ぼく》に、ある日《ひ》、ちょっとした事件《じけん》がおこりました。

僕《ぼく》が休憩時間《きゅうけいじかん》に歌《うた》っていることが、職員《しょくいん》さんの間《あいだ》で話題《わだい》になったらしく、僕《ぼく》が仕事《しごと》をしていたセクションの職長《しょくちょう》さんが、こっそり聞《き》いたようなんです。

職長《しょくちょう》さんは、

「ちょっと先《さき》の話《はなし》だけどな、職員全員《しょくいんぜんいん》が参加《さんか》する慰労会《いろうかい》があるから、余興《よきょう》で1曲歌《きょくうた》え」

と、僕《ぼく》にリクエストしました。

「おまえ、歌《うた》がうまいじゃないか」

そう言《い》って職長《しょくちょう》さんは、にっこり微笑《ほほえ》みました。

あくまでも、ご好意《こうい》で言《い》ってくださったんです。

それなのに、僕《ぼく》は恐怖《きょうふ》ですくみあがってしまいました。

醜《みにく》くて、ぶかっこうな僕《ぼく》を、みんなで指《ゆび》さしてゲラゲラ笑《わら》うつもりなんだろうと、瞬間的《しゅんかんてき》に思《おも》ってしまったんです。

僕《ぼく》は怒《いか》りをあらわにしたような顔《かお》になり真《ま》っ赤《か》になって、「イヤです」と断《ことわ》ってしまいました。

照《て》れとか恥《は》じらいとか、そんなかわいげのカケラもない、かなり感《かん》じの悪《わる》い断《ことわ》り方《かた》だったと思《おも》います。

揺《ゆ》らいだ心《こころ》がおさまって落《お》ちついてくると、

「職長《しょくちょう》さんは好意《こうい》で言《い》ってくれたのに、どうしてあんな嫌《いや》な態度《たいど》をとってしまったんだろう」

と、はげしくへこみました。

ここには僕《ぼく》を攻撃《こうげき》する人《ひと》なんかいないのに、明《あか》るい青年《せいねん》でいられない自分《じぶん》を、ひどく責《せ》めてしまったんです。

「僕《ぼく》は人《ひと》からかわいがられない。だれも僕《ぼく》といて楽《たの》しいだなんて思《おも》わない。だから僕《ぼく》は、あんまり人《ひと》と関《かか》わっちゃいけないんだ。僕《ぼく》は、ブタでいい。柵《さく》の中《なか》で死《し》ぬのを待《ま》っていればいいんだ」

そんなことばかり、僕《ぼく》は考《かんが》えつづけました。

僕《ぼく》は、母《はは》から逃《に》げてきました。

そのことを悔《く》やんでいたわけではありません。

逃《に》げられてよかったと思《おも》っていました。

でも、母《はは》や学校《がっこう》から遠《とお》ざかっても、自分《じぶん》の中《なか》に刻《きざ》みこまれた記憶《きおく》から逃《のが》れることはできなかったのです。

13 ばあちゃんの最期《さいご》

どこに逃《に》げたって、過去《かこ》をなかったことにはできない。

過去《かこ》はいたるところで待《ま》ちかまえていて、

「ほら見《み》ろ、おまえなんかこの世《よ》にいてもしかたがないんだ」

と嘲笑《あざわら》うチャンスをうかがっています。

一生《いっしょう》消《き》えることのない過去《かこ》を背負《せお》って生《い》きることにやりきれなさを感《かん》じながら、僕《ぼく》は毎日《まいにち》仕事《しごと》に通《かよ》っていました。

そんなある日《ひ》のことです。

仕事《しごと》からの帰《かえ》り道《みち》、僕《ぼく》はだれかに声《こえ》をかけられました。

「たいちゃんじゃないか」

声《こえ》のするほうをふりかえると、父《ちち》の工場《こうじょう》で働《はたら》いていた人《ひと》がそこに立《た》っていました。

少《すこ》し年《とし》をとって髪《かみ》が白髪《しらが》になっていましたが、まちがいなく、小《ちい》さかった僕《ぼく》のめんどうを見《み》てくれたひとりでした。

懐《なつ》かしくて、うれしくて、僕《ぼく》は思《おも》わず声《こえ》をあげてその人《ひと》の肩《かた》をたたきました。

高校《こうこう》をドロップアウトしてしまった自分《じぶん》を恥《は》じる気持《きも》ちが同時《どうじ》にわきあがりましたが、その人《ひと》は子《こ》どものころの僕《ぼく》を見《み》た顔《かお》と同《おな》じ顔《かお》で微笑《ほほえ》んでくれました。

彼《かれ》は父《ちち》の工場《こうじょう》が倒産《とうさん》してからも、工場《こうじょう》にいた人《ひと》たちとまめに連絡《れんらく》をとっていて、いろいろな人《ひと》たちの消息《しょうそく》を話《はな》してくれました。

「ばあちゃんは、元気《げんき》にしてるの？」

僕《ぼく》がそう聞《き》くと、彼《かれ》の表情《ひょうじょう》が一気《いっき》にくもったんです。

彼《かれ》の話《はなし》では、ばあちゃんは入院《にゅういん》しているとのことでした。

末期《まっき》のがんで、もう長《なが》くはないと。ショックを受《う》ける僕《ぼく》に彼《かれ》は、

「今《いま》のうちに見舞《みま》いにいってやりな」

と、ばあちゃんが入院《にゅういん》している病院《びょういん》を教《おし》えてくれました。

翌日《よくじつ》、僕《ぼく》はその病院《びょういん》にいったんです。

ばあちゃんは、記憶《きおく》の中《なか》にいるばあちゃんの三分《ぶん》の一ぐらいにまで小《ちい》さくなっていました。腕《うで》は骨《ほね》と皮《かわ》だけになっていて、顔《かお》も頭蓋骨《ずがいこつ》に皮《かわ》がついているだけみたいになっていました。人間《にんげん》て、肉《にく》がなくなるとこんなにも小《ちい》さくなるんだなと、そう思《おも》えるほどでした。

「どうして何年《なんねん》もばあちゃんと会《あ》わなかったんだろう。あんなに世話《せわ》になったのに、なんて僕《ぼく》は薄情《はくじょう》なんだろう」

そう思《おも》うと大声《おおごえ》で泣《な》いてしまいそうでしたが、こんな状態《じょうたい》のばあちゃんの前《まえ》で泣《な》くわけにもいきませんでした。

「ばあちゃん、ごめんね。ずっと会《あ》わなくて」

僕《ぼく》がそう言《い》うと、ばあちゃんは小《ちい》さくなったあごを動《うご》かして、微笑《ほほえ》んでくれました。

「たいちゃん、立派《りっぱ》になったわね」

このしゃべり方《かた》、「たいちゃん」と呼《よ》ぶ声《こえ》、小《ちい》さく縮《ちぢ》んでいても、なにもかもがばあちゃんでした。

僕《ぼく》は、元気《げんき》でやっていることをばあちゃんに伝《つた》えたくて、ものすごくいっぱいしゃべりました。

なんとかおもしろおかしくしようとして、苦《くる》しかったことは言《い》わずに、笑《わら》えることだけを笑《わら》えるように話《はな》したつもりでした。

でもなぜか、おもしろくしようとすればするほど、自虐的《じぎゃくてき》になっていってしまったんです。

「いま食肉市場《しょくにくしじょう》で働《はたら》いてて、いつもブタばっかり見《み》てる。ブタがブタ見《み》てるんだよ。いつかブタにまちがわれて、肉《にく》にされるかもね。なんか全体的《ぜんたいてき》にブタだからね、僕《ぼく》」

ばあちゃんは、笑《わら》いませんでした。

僕《ぼく》の手《て》を、骨《ほね》ばった手《て》でさわりながら、言《い》ったんです。

「たいちゃんが小《ちい》さいころ、絵本《えほん》をたくさん作《つく》ってくれたでしょ、おぼえてる？」

僕《ぼく》は、黙《だま》ってうなずきました。

「ばあちゃんね、あの絵本《えほん》が大好《だいす》きだった。いい人《ひと》も出《で》てくるし、悪者《わるもの》も出《で》てくるけど、最後《さいご》はみんななかよしになるの。みんな、幸《しあわ》せになった」

ばあちゃんがそういう結末《けつまつ》が好《す》きだから、そう書《か》いたんだよと思《おも》ったんですが、それは言《い》いませんでした。

「たいちゃん、苦労《くろう》したわね」

ばあちゃんが急《きゅう》にそんなことを言《い》うので、僕《ぼく》は目《め》の前《まえ》が涙《なみだ》だらけになってしまって、どうしていいかわからなくなってしまいました。

「たいちゃんは、きっと幸《しあわ》せになるよ。やさしいもの、たいちゃんは」

ばあちゃんはそう言《い》って、僕《ぼく》の顔《かお》を見《み》ました。

これ以上《いじょう》そんなことを言《い》われたら泣《な》きだしてしまいそうで、僕《ぼく》はあせりました。

「そうかな」と、口《くち》のはしをあげて笑《わら》うのがせいいっぱいだったんです。

「ばあちゃんね、たいちゃんにお願《ねが》いがあるの」

ばあちゃんは僕《ぼく》から目《め》をそらさずに、そう言《い》いました。

「なんだろう、なんでもするよ」と思《おも》いながらばあちゃんを見《み》ていると、ばあちゃんはしっかりとした口調《くちょう》で、一生忘《いっしょうわす》れることのできない言葉《ことば》を僕《ぼく》に言《い》いました。

「『僕《ぼく》はブタじゃない』って言《い》って」

僕《ぼく》はしばらく、なにも言《い》えませんでした。

声《こえ》がつまって、言葉《ことば》が出《で》そうになかったんです。

でも、ばあちゃんのお願《ねが》いを断《ことわ》るなんてできません。

とにかく言《い》わなくちゃと思《おも》いました。

「僕《ぼく》は……ブタじゃない……」

小《ちい》さな声《こえ》でそう言《い》うと、顔《かお》が真《ま》っ赤《か》になっていくのが自分《じぶん》でもわかりました。

涙《なみだ》は目《め》から流《なが》れだしていて、体《からだ》がカタカタ震《ふる》えました。

「もっと、大《おお》きな声《こえ》で」

ばあちゃんがそう言《い》うので、大《おお》きな声《こえ》を出《だ》そうとしたんですが、うまく声《こえ》が出《だ》せません。

しぼり出《だ》そうとすると、声《こえ》より先《さき》に、目《め》からも鼻《はな》からも、涙《なみだ》が出《で》てきてしまうんです。

「僕《ぼく》は、ブタじゃない」

やっと大《おお》きな声《こえ》で言《い》うと、ばあちゃんは「ありがとう」と言《い》って、眠《ねむ》りました。

僕《ぼく》はそのとき、はじめてわかったんです。

僕《ぼく》は、ブタじゃない。

それは僕《ぼく》が何年《なんねん》もの間《あいだ》、叫《さけ》びたいと思《おも》っていた言葉《ことば》だったんです。

自分《じぶん》では気《き》づかなかったけれど、本当《ほんとう》は心《こころ》の奥《おく》にずっと、そう叫《さけ》びたい気持《きも》ちを抱《かか》えていたんです。

自分自身《じぶんじしん》が気《き》づかなかった気持《きも》ちなのに、ばあちゃんにはそれがわかったんです。

ばあちゃんは、数日後《すうじつご》に目覚《めざ》めなくなり、しばらくして天国《てんごく》にいきました。


ばあちゃんが最後《さいご》にくれたもの。

それは、心《こころ》の中《なか》のビッグバンでした。

「僕《ぼく》は、ブタじゃない」

たったひと言《こと》、この言葉《ことば》が胸《むね》の中《なか》に点灯《てんとう》しただけで、僕《ぼく》の宇宙《うちゅう》は真《ま》っ暗闇《くらやみ》じゃなくなったんです。

僕《ぼく》はその日《ひ》から、未来《みらい》のことを考《かんが》えるようになりました。

未来《みらい》を自分《じぶん》で選《えら》べる、選《えら》んでいいんだって、そう思《おも》えるようになったんです。

僕《ぼく》の過去《かこ》は真《ま》っ暗闇《くらやみ》だったけれど、もう、そうじゃない。

未来《みらい》はきっと、暗闇《くらやみ》なんかじゃない。

暗闇《くらやみ》じゃないものを選《えら》んでいけばいいんだって、そう思《おも》うことができたんです。

しばらくして僕《ぼく》は、大学受験《だいがくじゅけん》の資格《しかく》をとるために、勉強《べんきょう》をはじめました。

仕事《しごと》の休憩時間《きゅうけいじかん》に開《ひら》いているのは、もっぱら参考書《さんこうしょ》になりました。

職場《しょくば》の職員《しょくいん》さんたちが、興味深《きょうみぶか》そうに、そんな僕《ぼく》をながめていました。

「なんで勉強《べんきょう》なんてするんだべか」

と聞《き》いてくるので、

「選択肢《せんたくし》を増《ふ》やすんです」

と僕《ぼく》は答《こた》えました。

以前《いぜん》に慰労会《いろうかい》の余興《よきょう》で歌《うた》えと職長《しょくちょう》さんに言《い》われ、僕《ぼく》はそれを断《ことわ》っていましたが、「やっぱり歌《うた》わせてください」とお願《ねが》いしました。

職長《しょくちょう》さんは、あんなに感《かん》じ悪《わる》い断《ことわ》り方《かた》をした僕《ぼく》のために、慰労会《いろうかい》で歌《うた》えるようにとりはからってくれました。

慰労会《いろうかい》で、僕《ぼく》はがんばりました。

どうせやるなら、ウケたほうがいいと思《おも》い、女子《じょし》アイドルの歌《うた》を、ふりつきで歌《うた》ったんです。

職員《しょくいん》さんたちは、僕《ぼく》の歌《うた》に大《おお》きな声援《せいえん》と拍手《はくしゅ》を送《おく》ってくれました。

14

僕《ぼく》に友達《ともだち》ができるのか

大学受験《だいがくじゅけん》の資格《しかく》をとって、僕《ぼく》は大学《だいがく》の通信教育《つうしんきょういく》を受《う》けるようになりました。

通信教育《つうしんきょういく》は大学《だいがく》にいかなくていいと思《おも》っている人《ひと》が多《おお》いんですが、実際《じっさい》は、けっこう受講《じゅこう》しにいかなければなりません。

今《いま》のようにネットで受講《じゅこう》することもできませんでしたから、なおさらでした。

特《とく》に大学《だいがく》が夏休《なつやす》み期間《きかん》になると、通信教育《つうしんきょういく》を受《う》ける者《もの》のための講義《こうぎ》が行《おこな》われるので、毎日《まいにち》、講《こう》義《ぎ》に出席《しゅっせき》しなければなりません。

受講日《じゅこうび》は仕事《しごと》ができないので、お金《かね》が稼《かせ》げなくて困《こま》りました。

講義《こうぎ》に通《かよ》いながら生活費《せいかつひ》を得《え》るためには、もっと給料《きゅうりょう》の高《たか》いアルバイトに就《つ》かねばなりませんでした。

それで僕《ぼく》は、埠頭《ふとう》で船《ふね》の上《うえ》から船荷《ふなに》を降《お》ろす、荷役《にえき》の仕事《しごと》を見《み》つけて、働《はたら》きはじめたんです。

荷役《にえき》の仕事《しごと》は、きつかったです。

船《ふね》の中《なか》の荷物《にもつ》はたいてい冷凍《れいとう》のイカで、段《だん》ボール箱《ばこ》ぐらいの大《おお》きさのブロックのかたちで冷凍《れいとう》庫《こ》につめられていました。

冷凍庫《れいとうこ》の中《なか》はマイナス20度《ど》です。厚手《あつで》の手袋《てぶくろ》をしていても、手《て》がかじかんできます。20キログラムぐらいの氷《こおり》のブロックを冷凍庫《れいとうこ》の中《なか》から出《だ》して、木製《もくせい》の板《いた》の上《うえ》に積《つ》みあげるんですが、うかうかしていると、手《て》の上《うえ》に氷《こおり》のブロックをたたきつけるようにおかれて、指《ゆび》の骨《ほね》を砕《くだ》かれてしまいます。

冷凍庫《れいとうこ》を出《で》ると、真夏《まなつ》の海《うみ》の上《うえ》は気温《きおん》30度《ど》を超《こ》えています。温度差《おんどさ》にクラッとくるんですが、モタモタしていると怒鳴《どな》られます。

体力的《たいりょくてき》にはたしかにきつかったんですが、まぁ、こんなのは辛抱《しんぼう》できました。

おおぜいから蹴《け》りを入《い》れられるわけでも、「ブタ」「くるな」と罵《ののし》られるわけでもありません。仕事《しごと》がきついだけです。社会《しゃかい》に出《で》てからのつらいことなんて、学校《がっこう》や家《いえ》でつらかったことに比《くら》べたら、へっちゃらでした。

働《はたら》きながら学《まな》ぶ、いそがしい日々《ひび》をすごしながら、いつだってひとりぼっちだった僕《ぼく》は、

「なにかが足《た》りない、なにか重要《じゅうよう》なものが欠《か》けている」

と感《かん》じていました。なにが足《た》りないのかは、すぐにわかりました。

そう、それは友達《ともだち》です。

ばあちゃんがこの世《よ》を去《さ》るまぎわにかけてくれた魔法《まほう》のおかげで、僕《ぼく》は日《ひ》に日《ひ》に変《か》わっていきました。

でも、いくら変《か》わったところで、「おまえ、変《か》わったなぁ」と言《い》ってくれる友達《ともだち》がいなかったら、変《か》わったってたいした意味《いみ》はありません。

本当《ほんとう》に変《か》わったのかどうかもあやふやになって、いずれはもとの自分《じぶん》にもどってしまうかもしれません。

街《まち》では自分《じぶん》と同《おな》じ年《とし》ごろの若者《わかもの》たちが、友達《ともだち》としゃべったり笑《わら》ったりしながら楽《たの》しそうに歩《ある》いています。すぐにはあんなふうになれないだろうけれど、おたがい応援《おうえん》しあうような関係《かんけい》を、だれかと、少《すこ》しずつでも築《きず》いていきたいと思《おも》っていたのです。

ある日《ひ》、僕《ぼく》は1枚《まい》のチラシを手《て》にしました。

それは、「チャリティ学生《がくせい》ミュージカル」出演者《しゅつえんしゃ》募集《ぼしゅう》のチラシでした。

有名《ゆうめい》な企業《きぎょう》がスポンサーとなり、都内《とない》の有名《ゆうめい》な劇場《げきじょう》で上演《じょうえん》されるミュージカルで、出演者《しゅつえんしゃ》は全《ぜん》員《いん》オーディションで選《えら》ばれた学生《がくせい》たちとのことでした。

「きっと、学生《がくせい》とはいえ本格的《ほんかくてき》に歌《うた》やダンスを習得《しゅうとく》した人《ひと》たちが出演《しゅつえん》するんだろうな」

と思《おも》ったんですが、僕《ぼく》はそのチラシを捨《す》てることができませんでした。

何度《なんど》もチラシを見《み》ているうちに、

「自分《じぶん》でも、その他《た》おおぜいみたいな役《やく》だったら出演《しゅつえん》できるんじゃないか」

なんて、思《おも》いはじめてしまったんです。

慰労会《いろうかい》で歌《うた》ったことを、僕《ぼく》はよく思《おも》いだすようになりました。

みんなが拍手《はくしゅ》してくれて、「いやぁ、うまいなぁ」と、口々《くちぐち》にほめてくれました。

酒《さけ》に酔《よ》った人《ひと》のほめ言葉《ことば》をまるっきり本気《ほんき》にはできないまでも、少《すく》なくとも下手《へた》ではないのだろうと思《おも》えたんです。

「このミュージカルに出演《しゅつえん》したら、同《おな》じ年《とし》ごろの友達《ともだち》ができるかもしれない」

僕《ぼく》は無謀《むぼう》にも、オーディションを受《う》けることを決意《けつい》したのでした。

出演者募集《しゅつえんしゃぼしゅう》に応募《おうぼ》してから数週間後《すうしゅうかんご》、オーディションを受《う》ける日《ひ》がやってきました。

オーディションは想像以上《そうぞういじょう》に本格的《ほんかくてき》で、プロデューサーたちの鋭《するど》い目《め》が光《ひか》っていました。

その前《まえ》で歌《うた》った歌《うた》は、緊張《きんちょう》して声《こえ》が震《ふる》えた上《うえ》にキーが自分《じぶん》にあわなくて、ぜんぜんダメでした。

「これは落《お》ちる。絶対落《ぜったいお》ちる。１００％落《お》ちる」

絶望感《ぜつぼうかん》に打《う》ちひしがれた僕《ぼく》でしたが、奇跡《きせき》がおこりました。

なんと僕《ぼく》は、オーディションに合格《ごうかく》したんです。

「僕《ぼく》だって、やればできるんだ」

喜《よろこ》びに満《み》ちあふれ、僕《ぼく》はミュージカルの稽古《けいこ》に通《かよ》いはじめました。

しかし喜《よろこ》んだのも束《つか》の間《ま》、僕《ぼく》ははげしく悩《なや》む日々《ひび》を迎《むか》えました。ボイストレーナーの先生《せんせい》が、

「キミは歌《うた》が下手《へた》ではないが、自分《じぶん》の本当《ほんとう》の声《こえ》を出《だ》していない」と、僕《ぼく》に迫《せま》ってきたんです。

「メンバーの中《なか》には歌《うた》が下手《へた》な者《もの》もいるが、みんなちゃんと自分《じぶん》の声《こえ》で歌《うた》っている。それに比《くら》べてキミは、まるで作《つく》り物《もの》みたいな声《こえ》を出《だ》している。本当《ほんとう》の自分《じぶん》を隠《かく》すような声《こえ》で、観客《かんきゃく》を感動《かんどう》させられると思《おも》っているのか。歌《うた》を甘《あま》く見《み》るな」

みんなの前《まえ》でそう言《い》われて、僕《ぼく》は困惑《こんわく》しました。

僕《ぼく》は僕《ぼく》なりに一生懸命歌《いっしょうけんめいうた》っていたんですが、自分《じぶん》をかくしているとか本当《ほんとう》の声《こえ》を出《だ》せとか言《い》われても、意味《いみ》がよくわかりませんでした。

本当《ほんとう》の自分《じぶん》て、なんだろう。

僕《ぼく》を形成《けいせい》しているもの、それは僕《ぼく》の過去《かこ》です。

そんなものをさらけ出《だ》したところで、他人《たにん》にとまどいを与《あた》えるだけです。

どん引《び》きして目《め》を背《そむ》ける人《ひと》も、理解《りかい》したふりをして雑《ざつ》になぐさめてくる人《ひと》も、僕《ぼく》を責《せ》めてくる人《ひと》だっていることでしょう。

自分《じぶん》をさらけ出《だ》したところで、ますます孤立《こりつ》していくだけです。

出演者《しゅつえんしゃ》の学生《がくせい》たちはすぐに打《う》ち解《と》けあい、早《はや》くも「仲間《なかま》」的《てき》な空気《くうき》を放出《ほうしゅつ》しはじめていました。

でも、僕《ぼく》にはそんなことはできません。

どうやったらいいのか、ぜんぜんわかりません。

どうしてもぎこちなくなってしまうし、言《い》わなくてもいいことを言《い》ってしまうし、普通《ふつう》に流《なが》せばいいことが自然《しぜん》に流《なが》せないんです。

「自分《じぶん》をさらけ出《だ》していないことと、なにか関係《かんけい》があるのかもしれないなぁ」

と、僕《ぼく》は悩《なや》みました。

友達《ともだち》がほしくてミュージカルに参加《さんか》した僕《ぼく》なのに、みんなに溶《と》けこめない。

どうしても自分《じぶん》だけ、異物《いぶつ》だと思《おも》えてしまうんです。

メンバー同士《どうし》で明《あか》るく談笑《だんしょう》している姿《すがた》がまぶしくて、僕《ぼく》は近《ちか》づくことさえできませんでした。

15 悪魔《あくま》のようなアイドル

メンバーの中《なか》でひときわ人気者《にんきもの》だったのが、キミツという名前《なまえ》の男子学生《だんしがくせい》でした。

キミツはアイドルのような甘《あま》い顔《かお》だちをしていて、女子《じょし》からも男子《だんし》からも「かわいい」と盛《さか》んに言《い》われていました。

みんなに愛想《あいそ》がよく、発言《はつげん》も優等生的《ゆうとうせいてき》で、人気者資質《にんきものししつ》しかないような感《かん》じだったんです。

そんなキミツは、いつも人《ひと》にかこまれていて、明《あか》るい笑《わら》い声《ごえ》に包《つつ》まれていました。

なんだかキミツの周囲《しゅうい》だけ、光《ひかり》が集《あつ》まっているような気《き》がするほどでした。

キミツは全方位《ぜんほうい》に感《かん》じよくするタイプだったので、僕《ぼく》にもたまに「調子《ちょうし》どう？」とか、声《こえ》をかけたりしてくれていました。

そんなキミツを僕《ぼく》は「なんだかあやしい」と思《おも》っていました。

「あんなに感《かん》じのいいやつには、裏《うら》の顔《かお》があるにちがいない」

カリスマ母《はは》の息子《むすこ》として、その裏側《うらがわ》を知《し》りつくしていた僕《ぼく》は、輝《かがや》くような彼《かれ》の態度《たいど》に、なにかうさんくささを感《かん》じとっていたんです。

キミツのことはさておき、僕《ぼく》は自分《じぶん》の発声《はっせい》の問題《もんだい》をなんとかしないと、クビになって舞台《ぶたい》に出《しゅつ》演《えん》できなくなってしまうのではないかとあせっていました。

くりかえしくりかえし歌《うた》の練習《れんしゅう》をしましたが、どうしたらいいのか、まるでわかりません。いい感触《かんしょく》をまったくつかめない自分《じぶん》に、いらだちを感《かん》じていました。

そんな僕《ぼく》に、ある日《ひ》、青天《せいてん》の霹靂《へきれき》（予想外《よそうがい》のできごとがとつぜんおこること）のような事件《じけん》がおこりました。

その日《ひ》は、舞台《ぶたい》の配役《はいやく》が発表《はっぴょう》される日《ひ》でした。

主役《しゅやく》の「悩《なや》める青年《せいねん》」役《やく》を獲得《かくとく》したのは、キミツでした。

みんな「なるほど」「適役《てきやく》じゃん」と、納得《なっとく》した様子《ようす》だったんです。

しかし、次《つぎ》の瞬間《しゅんかん》、みんなにも僕《ぼく》にも激震《げきしん》が走《はし》りました。

準主役《じゅんしゅやく》の「悩《なや》める青年《せいねん》を導《みちび》いて成長《せいちょう》させるおじさん」役《やく》に、僕《ぼく》が大抜擢《だいばってき》されたんです。

出演者全員《しゅつえんしゃぜんいん》が、どよめきました。

僕《ぼく》は、ただただ硬直《こうちょく》していました。

うれしくなかったといえば、それは嘘《うそ》になります。

しかし同時《どうじ》に、これから散々《さんざん》しごかれるんだろうなぁというおそれもわきあがってきました。

それからは基礎練習《きそれんしゅう》ではなく、舞台《ぶたい》を作《つく》っていくための稽古《けいこ》に入《はい》りました。

おそれたとおり、僕《ぼく》は毎日《まいにち》プロデューサーから怒《おこ》られてばかりいたんです。

僕《ぼく》なりに自分《じぶん》をさらけ出《だ》して歌《うた》おうとがんばっていたんですが、そんなちっぽけな努力《どりょく》はぜんぜん評価《ひょうか》されませんでした。

「おまえの歌《うた》には負《ふ》のエネルギーを感《かん》じる。おまえが歌《うた》うと、ぜんぶうらみ節《ぶし》だ。この役《やく》はそれじゃダメだって言《い》ってるだろ！」

自分《じぶん》を隠《かく》せば作《つく》り物《もの》だと言《い》われ、さらけ出《だ》そうとすればうらみ節《ぶし》と言《い》われる状況《じょうきょう》に、僕《ぼく》は泣《な》きそうになりました。

プロデューサーから毎日怒《まいにちおこ》られつづけていると、ほかの出演者《しゅつえんしゃ》からも、ダメ出《だ》しされるようになってしまうんです。

みんな親切心《しんせつしん》で指摘《してき》してくれるんですが、いろいろな人《ひと》から、さまざまな意見《いけん》を言《い》われちゃうと、混乱《こんらん》してしまうんですね。

稽古場《けいこば》で僕《ぼく》は、身動《みうご》きがとれない状態《じょうたい》にまでなってしまったんです。

一方《いっぽう》で、からみのある場面《ばめん》が多《おお》いキミツと僕《ぼく》との距離《きょり》は、急速《きゅうそく》に近《ちか》づいていきました。

舞台《ぶたい》での立《た》ち位置《いち》や、間《ま》のとり方《かた》、動《うご》きや台詞《せりふ》のタイミングなど、おたがいの動《うご》きをきちんとすりあわせないと、お芝居《しばい》ができないからです。

キミツは、僕《ぼく》に親《した》しげに接《せっ》してくれました。

僕《ぼく》となかよくなっておいたほうが、芝居《しばい》がやりやすくなるだろうと思《おも》ったのでしょう。

アイドル笑顔《えがお》で、しょっちゅう話《はな》しかけてくるようになりました。

しかし、僕《ぼく》は素直《すなお》になれませんでした。

「この、ぶりっ子《こ》。そのうち本性《ほんしょう》をあらわしてくるにちがいない」

そんなふうに思《おも》った僕《ぼく》は、しょっぱいリアクションばかり、キミツにかえしていたんです。

ある日《ひ》の稽古《けいこ》のあと、キミツはいつものようにみんなにかこまれていて、「これからゴハン食《た》べにいこうか」みたいな話《はなし》で盛《も》りあがっていました。

そしてキミツは、さっさと帰《かえ》ろうとしている僕《ぼく》のところにつかつかと歩《あゆ》みよってきて、

「うたちゃんもいこうよ」

と、陽気《ようき》な顔《かお》で誘《さそ》ってきたんです。

「荷役《にえき》の仕事《しごと》は朝《あさ》が早《はや》いんで、いけないです」

僕《ぼく》がそっけない返事《へんじ》をすると、キミツはみんなに気《き》づかれないように、悪魔《あくま》みたいな笑顔《えがお》を僕《ぼく》にむけてきました。

普段《ふだん》のアイドル笑顔《えがお》とまったくちがう、身《み》の毛《け》もよだつブラックな表情《ひょうじょう》です。

そう、とうとう、真実《しんじつ》の姿《すがた》をあらわしたんです。

「へぇ、貧乏《びんぼう》ってステキ」

人《ひと》の苦労《くろう》をステキとはなんだと思《おも》って、僕《ぼく》は声《こえ》を荒《あら》らげてしまいました。

「きみたちとちがって、僕《ぼく》は働《はたら》かなきゃ食《た》べていけないんです」

なんの苦労《くろう》もしていないきみたちとは、次元《じげん》がちがうんだという感《かん》じで、僕《ぼく》は言《い》いました。

するとキミツは、ニカッと笑《わら》ったんです。

「働《はたら》きなさい、貧乏人《びんぼうにん》は働《はたら》きなさーい」

キミツは、そう囁《ささや》いてきました。

僕《ぼく》は驚《おどろ》きのあまり、目《め》を丸《まる》くしました。

「信《しん》じられない弾《たま》、撃《う》ってきたね。前《まえ》から裏《うら》の顔《かお》があるにちがいないとは思《おも》ってたけど、ここまでブラックなやつだったとは。やっぱり魔界《まかい》の生《い》き物《もの》だったんだな」

そう言《い》いかえした僕《ぼく》に、キミツはフフフと笑《わら》いました。

「するどい妖怪《ようかい》だね」

「だれが妖怪《ようかい》だッ」

僕《ぼく》は思《おも》わず、叫《さけ》びそうになってしまいました。

「この作《つく》り物《もの》！　まがい物《もの》！　ニセ物《もの》！」

自分《じぶん》だって作《つく》り物《もの》の声《こえ》と言《い》われて悩《なや》んでいるくせに、僕《ぼく》はキミツにこんな言葉《ことば》を投《な》げつけたんです。

しかし、キミツはぜんぜんたじろぎませんでした。

「それがなにか？」ぐらいのうすら笑《わら》いをうかべて、言《い》ったんです。

「造花《ぞうか》は枯《か》れないの」

とっさにこんな言葉《ことば》が出《で》てくるなんて、すごい才能《さいのう》だなと、感心《かんしん》してしまいました。

こいつ、すげえ。

そう思《おも》った僕《ぼく》は、あっけにとられて、なにも言《い》いかえせませんでした。

それからというもの、僕《ぼく》とキミツは、人前《ひとまえ》では感《かん》じよく、2人《ふたり》きりになると「バーカ」「ブース」と罵《のの》しりあう仲《なか》になりました。

キミツはよく、ダメ出《だ》しされまくっている僕《ぼく》の歌《うた》い方《かた》のモノマネをしたんです。

かなりデフォルメして、おもしろおかしくマネしてきました。

似《に》てるんです。

むかつくんです。

むかつくけれど、笑《わら》ってしまうんです。

僕《ぼく》も負《ま》けじと、キミツのぶりっ子演技《こえんぎ》のモノマネを、おおげさにやってやりました。

キミツは爆笑《ばくしょう》してひざからくずれ落《お》ちました。

さんざん笑《わら》ったあとで襲《おそ》いかかってきて、僕《ぼく》の横《よこ》っ面《つら》にビンタを張《は》りました。

僕《ぼく》もビンタで応戦《おうせん》し、乱闘《らんとう》になったんです。

でも、なんででしょう。

乱闘《らんとう》しながら、2人《ふたり》とも爆笑《ばくしょう》していたんです。

16 傷《きず》を手《て》ばなすとき

キミツと、どんどん芝居《しばい》の息《いき》があってくる一方《いっぽう》で、僕《ぼく》はあいかわらず「うらみ節《ぶし》」問題《もんだい》で、プロデューサーに怒《おこ》られまくっていました。

うらみ節《ぶし》にならないように歌《うた》おうとすると「作《つく》り物《もの》の声《こえ》だ」と言《い》われ、本当《ほんとう》の声《こえ》を出《だ》すと「うらみ節《ぶし》だ」と言《い》われるジレンマは、そうとうなストレスでした。

どんなふうに歌《うた》おうとしても、それじゃない、それじゃない、と言《い》われつづけ、さすがに半《はん》べそをかいていたんです。

「僕《ぼく》だって、これじゃないって言《い》いたかった。生《う》まれ育《そだ》った環境《かんきょう》とか、運命《うんめい》とか、これじゃないって言《い》いたかったよ」

そう思《おも》うと本当《ほんとう》に泣《な》きそうで、荷役《にえき》の仕事《しごと》を終《お》え、埠頭《ふとう》をながめながら、くやしさを噛《か》みしめていました。

「醜《みにく》い、みっともない、ブタ」

と言《い》われつづけた過去《かこ》が自分《じぶん》の足《あし》かせになっているんだろう、これからもそんな足《あし》かせをつけられたまま生《い》きていくのが僕《ぼく》の人生《じんせい》なんだろうと思《おも》い、自分《じぶん》に嫌気《いやけ》がさしてきていました。

それから数日後《すうじつご》のことです。

練習《れんしゅう》が終《お》わって帰《かえ》ろうとすると、キミツが僕《ぼく》を呼《よ》び止《と》めました。

「明日《あした》は土曜《どよう》だから、仕事休《しごとやす》みでしょ。これからうちにきなよ」

キミツは車《くるま》できていて、僕《ぼく》を助手席《じょしゅせき》に乗《の》せると、自宅《じたく》に連《つ》れていったんです。

キミツの家《いえ》に着《つ》いて、びっくりしました。

キミツの家《いえ》が、高級住宅街《こうきゅうじゅうたくがい》に建《た》つ豪邸《ごうてい》だったからです。

キミツは、そう、資産家《しさんか》の息子《むすこ》だったんです。

おどおどしながら、高級《こうきゅう》そうな絨毯《じゅうたん》がしかれた応接間《おうせつま》に通《とお》され、落《お》ちつかない感《かん》じで革張《かわば》りのソファーにすわっていると、キミツがお茶《ちゃ》とお菓子《かし》を運《はこ》んできました。

「これ、うちの家族《かぞく》が好《す》きでよく食《た》べてるミニパイなんだけど、おいしいから食《た》べてみて」

キミツはそう言《い》って、応接間《おうせつま》を出《で》ていきました。

なんでひとりにされるのだろうと不思議《ふしぎ》に思《おも》いながらも、僕《ぼく》はミニパイをひとつ食《た》べました。

じつはこれ、僕《ぼく》を真《ま》っ青《さお》にさせるためのキミツの罠《わな》だったんです。

なかなか帰《かえ》ってこないキミツを待《ま》ちながらパイを食《た》べていると、応接間《おうせつま》にもどってきたキミツは、

「ああああっ」

と叫《さけ》びました。そして、「うたちゃん、ミニパイ食《た》べちゃったの？」と大声《おおごえ》で言《い》ったんです。

すると、キミツのお父《とう》さん、お母《かあ》さん、お姉《ねえ》さんが次々《つぎつぎ》と応接間《おうせつま》に入《はい》ってきて、

「ミニパイ食《た》べちゃったんですか」

「ああ、本当《ほんとう》だ。1個丸々《こまるまる》なくなってる」

「本当《ほんとう》に食《た》べちゃったんですね」

と、口々《くちぐち》に言《い》い、騒《さわ》ぎだしました。

僕《ぼく》は、キミツの家族全員《かぞくぜんいん》にとりかこまれて顔面蒼白《がんめんそうはく》です。えらいことをしでかしたような空気《くうき》満載《まんさい》にされてしまって、

「え、食《た》べちゃいけなかったんですか……」

僕《ぼく》が顔色《かおいろ》を失《うしな》ってそう言《い》うと、キミツ一家《いっか》は笑《わら》いはじめました。

これは、僕《ぼく》をあわてさせて楽《たの》しむための芝居《しばい》でした。

キミツは、これをやるために僕《ぼく》を家《いえ》に呼《よ》んだんです。

「からかいがいのあるやつがいる」とキミツは僕《ぼく》のことを家族《かぞく》に話《はな》していて、「ならば家《いえ》に呼《よ》んでみんなで楽《たの》しもう」と、家族《かぞく》で共謀《きょうぼう》していたそうです。

なんという一家《いっか》でしょう。息子《むすこ》だけでなく、家族《かぞく》もろとも悪《あく》だったんです。

僕《ぼく》はキィキィ怒《おこ》ったんですが、そんな僕《ぼく》を見《み》てキミツ一家《いっか》は、そうとうウケていました。

のっけから目《め》がまわるような仕打《しう》ちを受《う》けて、かえって緊張《きんちょう》は、すっかりゆるみました。

そのあとしばらくキミツと談笑《だんしょう》しながら、ふと僕《ぼく》は、キミツに悩《なや》みを打《う》ち明《あ》けてみようと思《おも》ったんです。

「せっかく抜擢《ばってき》してもらったけど、僕《ぼく》はこの役《やく》を演《えん》じるのは、むりかもしれない」

僕《ぼく》がそう切《き》りだすと、

「大丈夫《だいじょうぶ》だよ、うたちゃんのそのド根性《こんじょう》と、ぽってり体型《たいけい》があれば」

と、憎《にく》まれ口《ぐち》をたたいてきました。

それでまた平手《ひらて》打《う》ち合戦《がっせん》となり、そのうち揉《も》みあいにもあきて、キミツはようやく、じっくり話《はなし》を聞《き》いてくれました。

キミツに、僕《ぼく》が小《ちい》さいころからどんなふうに育《そだ》ってきたかを話《はな》し、そのときの心《こころ》の傷《きず》やうらみの気持《きも》ちが足《あし》かせとなっている現在《げんざい》の悩《なや》みを打《う》ち明《あ》け、相談《そうだん》してみたんです。「作《つく》り物《もの》」と「うらみ節《ぶし》」の板《いた》ばさみから、どうやったら脱出《だっしゅつ》できるのかを。

キミツは、それまで出会《であ》ったことがないようなキャラでした。

その口《くち》からどんな言葉《ことば》が出《で》てくるのか、僕《ぼく》はじっとキミツのリアクションを待《ま》ちました。

もしかしたら悪魔《あくま》みたいな言葉《ことば》を吐《は》くかもしれないと思《おも》うと、ドキドキしました。

うつむいて僕《ぼく》の話《はなし》を聞《き》いていたキミツは、おもむろに顔《かお》をあげて言《い》ったんです。

「本当《ほんとう》の自分《じぶん》をさらけ出《だ》そうとするとうらみ節《ぶし》になっちゃうって、なんだかヘンだよね。親《おや》をうらんだりしているうたちゃんが、本当《ほんとう》のうたちゃんなの？　なんか、ちがう気《き》がする。もっとその奥《おく》に、本当《ほんとう》の本当《ほんとう》のうたちゃんがいるような気《き》がしてならないんだけど」

それは、今《いま》まで、だれからも言《い》ってもらったことがない言葉《ことば》でした。

その言葉《ことば》に、僕《ぼく》はとてつもなく、大《おお》きな気《き》づきを与《あた》えてもらったんです。

今《いま》まで僕《ぼく》は、自分《じぶん》の過去《かこ》をふりかえるとき、つらかったことばかりを思《おも》いだしていました。

母《はは》から傷《きず》つけられたこと、クラスメイトから傷《きず》つけられたこと、醜《みにく》い自分《じぶん》が大嫌《だいきら》いだったこと。

そんな中《なか》で生《い》きていた自分《じぶん》だけが、自分《じぶん》だと思《おも》いこんでいたんです。

でも、そうじゃないものだって、たくさんあった。

ばあちゃんや工場《こうじょう》の人《ひと》たちにかわいがられた自《じ》分《ぶん》だって、僕《ぼく》の記憶《きおく》の中《なか》にしっかりと刻《きざ》まれています。

キミツの言葉《ことば》は、それに気《き》づかせてくれました。

「うたちゃん、ちょっと歌《うた》ってみなよ」

キミツは応接間《おうせつま》にあったピアノの前《まえ》にすわると、譜面《ふめん》をおいて、演奏《えんそう》をはじめました。

「待《ま》ってよ、ここじゃ歌《うた》えないよ。だって、ご家《か》族《ぞく》に聞《き》こえちゃうじゃん」

僕《ぼく》はとまどいましたが、キミツはアイドルみたいな笑顔《えがお》で、

「うちみたいな家《いえ》が、ピアノのある部屋《へや》を防音《ぼうおん》にしないと思《おも》う？」

と言《い》いました。

ちょっとドギマギしましたが、僕《ぼく》はキミツの伴《ばん》

奏《そう》で歌《うた》いはじめました。

歌《うた》いながら僕《ぼく》は、ばあちゃんのことを思《おも》いだしていました。

ばあちゃんに絵本《えほん》を作《つく》ったこと。

絵本《えほん》をほめられて、うれしかったこと。

ばあちゃんに手紙《てがみ》を書《か》いたこと。

施設《しせつ》があった山《やま》の中《なか》でめずらしいものを見《み》つけると、ばあちゃんに知《し》らせたくなった、あの気《き》持《も》ち。

そんな気持《きも》ちで声《こえ》を出《だ》してみたら、なんだか今《いま》までの声《こえ》とはちがった声《こえ》が出《で》ているような気《き》がしたんです。

歌《うた》いながら、僕《ぼく》は考《かんが》えていました。

心《こころ》の傷《きず》は、たしかにある。

なにもかも、なかったことにはできない。

でも、傷《きず》に固執《こしゅう》して、傷《きず》を抱《かか》えこみ、傷《きず》を手《て》ばなすまいとしてきた自分《じぶん》がいることもたしかだ。

生《い》きづらいと感《かん》じることがあると、なにもかもを傷《きず》のせいにしてしまおうとしてきた。

だから、傷《きず》を手《て》ばなせなかったんだ。

そんな自分《じぶん》をさっさと卒業《そつぎょう》して、自由《じゆう》に生《い》きていくことができないものだろうか。

考《かんが》えながら歌《うた》っているうちに、歌《うた》が熱《ねつ》を帯《お》びてきてしまいました。もう、熱唱《ねっしょう》です。

いつの間《ま》にか僕《ぼく》は、ボディアクションたっぷりに歌《うた》いあげてしまっていたんです。

ふと、背後《はいご》に人《ひと》の気配《けはい》を感《かん》じてふりかえると、そこにはキミツのお父《とう》さんとお母《かあ》さんが、ニヤニヤして立《た》っていました。

いつから聞《き》いていたのでしょう。ぎょっとして、僕《ぼく》はのけぞってしまいました。

「うわあぁッ」

僕《ぼく》が叫《さけ》ぶと、キミツ親子《おやこ》はまたしても笑《わら》いました。

そう、これも罠《わな》だったんです。なんというおそろしい親子《おやこ》でしょう。

「防音《ぼうおん》になってるって言《い》ったじゃん！」

思《おも》わず僕《ぼく》が大声《おおごえ》を出《だ》すと、キミツは「嘘《うそ》だぴょーん」と言《い》って舌《した》を出《だ》しました。

ぴょーんて……僕《ぼく》は絶句《ぜっく》です。

さらにキミツは、

「遊《あそ》びにきてるのにゴハンが出《で》ないって、うたちゃんが怒《おこ》ってる」

と、お母《かあ》さんに言《い》ったんです。

「言《い》ってないだろ、そんなこと！」

真《ま》っ青《さお》になって僕《ぼく》は否定《ひてい》しましたが、キミツのお母《かあ》さんは、

「あら、気《き》がつかなくてごめんなさいね。お食事《しょくじ》もさしあげないなんて、怒《おこ》ってとうぜんよね」

と、笑《わら》いながら言《い》いました。

「怒《おこ》ってないって言《い》ってるじゃないですか」

ムキになって抗議《こうぎ》しましたが、耳《みみ》を貸《か》してもらえません。

「これでなにか食《た》べてきて」

と、キミツのお母《かあ》さんはキミツにクレジットカードを手《て》わたしました。あっけにとられている

と、キミツは、

「やった！　これでなにか、豪華《ごうか》でおいしいもの食《た》べにいこう」

と言《い》い、ピアノのふたを閉《と》じて、悪魔《あくま》の笑顔《えがお》をうかべ、いそいそと出《で》かける支度《したく》をはじめたん

です。

「ありがとう、キミツ。いつか、おそろしい目《め》に遭《あ》わせてやる」

僕《ぼく》は心《こころ》の中《なか》で、そうつぶやいたのでした。

ミュージカルの本番当日《ほんばんとうじつ》。

僕《ぼく》は緊張《きんちょう》しながら、メイクが終《お》わった自分《じぶん》の顔《かお》を鏡《かがみ》に映《うつ》して見《み》ていました。

幕《まく》が開《ひら》けば、何千人《なんぜんにん》もの観衆《かんしゅう》の前《まえ》で、自分《じぶん》をさらけ出《だ》すことになります。

観客《かんきゃく》が僕《ぼく》をどう見《み》るのか、まるっきり想像《そうぞう》もつかなくて、ただ祈《いの》るよりほかはありませんでした。

キミツはメイク係《がかり》の人《ひと》に「さわやかで華《はな》やかで、それでいて凛々《りり》しい感《かん》じで、なおかつかわいらしさもある顔《かお》にしてください」と、ほぼ無茶《むちゃ》ぶりな注文《ちゅうもん》をつけていました。ナルシストっぷりを見事《みごと》にさらけ出《だ》していたんです。それを見《み》たら、ちょっとだけ落《お》ちつくことができました。

ほかの学生《がくせい》たちのお母《かあ》さんが入《い》れかわりたちかわり、楽屋《がくや》に差《さ》し入《い》れを届《とど》けにきていました。

我《わ》が子《こ》が舞台《ぶたい》に立《た》つのが心配《しんぱい》で、そして楽《たの》しみでしかたがない様子《ようす》でした。

もちろん、僕《ぼく》のところにはだれもきません。

「でも、いいんだ」

僕《ぼく》にもさらけ出《だ》せる自分《じぶん》があって、それを見《み》つけたんだから、それで充分《じゅうぶん》だと思《おも》えたんです。

「僕《ぼく》はこの舞台《ぶたい》の稽古《けいこ》を通《とお》して、変《か》わることができた。ほんのちっぽけな変化《へんか》かもしれないけれど、たしかに変《か》われたんだから」そう思《おも》いました。

本番《ほんばん》30分《ぷん》ぐらい前《まえ》に、食肉市場《しょくにくしじょう》の職員《しょくいん》さんたちが楽屋《がくや》に駆《か》けつけてくれました。

いつも夕方《ゆうがた》には酔《よ》っ払《ぱら》っているようなおじさんたちなのに、花《はな》なんか買《か》ってたずねてきてくれたんです。

びっくりしました。

「応援《おうえん》してるけん、がんばりんしゃいよ」

「オレァ集団就職《しゅうだんしゅうしょく》で東京《とうきょう》さ来《き》でがら、ハァはじめて渋谷《しぶや》さ来《き》だずぅ」

「でら緊張《きんちょう》しとるじゃん、もっとリラックスすりゃあええだわ」

おじさんたちはさまざまな地方《ちほう》からきているので、方言《ほうげん》がバラバラなんです。

そういう感《かん》じが、子《こ》どものころに大好《だいす》きだった工場《こうじょう》の人《ひと》たちと似《に》ていて、懐《なつ》かしかった。

やがて開演前《かいえんまえ》になり、僕《ぼく》とキミツは、幕《まく》が下《お》りた舞台《ぶたい》の上《うえ》でスタンバイしました。

キミツは、おじさんの扮装《ふんそう》をした僕《ぼく》を見《み》て「じじい役《やく》がにあうね」と言《い》いました。

僕《ぼく》も負《ま》けじとキミツに「化粧《けしょう》が濃《こ》いね」と言《い》いました。

「じゃあ、がんばってね」

「指図《さしず》しないで」

そんなやりとりをしているうちに照明《しょうめい》が落《お》ち、開幕《かいまく》のベルが鳴《な》りました。

シンとした暗《くら》い舞台《ぶたい》の上《うえ》で僕《ぼく》は、

「ばあちゃん、僕《ぼく》、友達《ともだち》ができたよ」

と、心《こころ》の中《なか》でつぶやきました。

幕《まく》が開《ひら》くと、お客《きゃく》さんたちは僕《ぼく》のせいいっぱいの歌《うた》に聴《き》き入《い》ってくれました。

歌《うた》い終《お》わると、大《おお》きな拍手《はくしゅ》をくれたんです。

自分《じぶん》で言《い》うのもなんだけど、でも本当《ほんとう》なんですけど、とっても評判《ひょうばん》がいい舞台《ぶたい》だったのでした。


チャリティ学生《がくせい》ミュージカルは、さまざまに演目《えんもく》をかえながら何度《なんど》か上演《じょうえん》されました。

毎回観《まいかいみ》にきてくれるファンも、たくさんできました。

僕《ぼく》とキミツは、就職《しゅうしょく》するまで参加《さんか》していました。

2度目《どめ》の公演《こうえん》からは、僕《ぼく》はなんと、出演《しゅつえん》しながら脚本《きゃくほん》まで書《か》かせてもらったんです。

試《ため》しに書《か》いてみた脚本《きゃくほん》をキミツが勝手《かって》にプロデューサーに見《み》せたところ、プロデューサーが、

「キミには書《か》く力《ちから》があるね。多少《たしょう》は直《なお》しが必要《ひつよう》だけど、この脚本《きゃくほん》で公演《こうえん》をやろう」

と言《い》ってくれました。

僕《ぼく》はプロデューサーの指示《しじ》を聞《き》いて、全力《ぜんりょく》で脚本《きゃくほん》の書《か》きなおしに取《と》り組《く》みました。

荷役《にえき》の仕事《しごと》の休憩時間《きゅうけいじかん》も、帰《かえ》りの電車《でんしゃ》の中《なか》でも、食事中《しょくじちゅう》でも、ずっとずっと書《か》いていたんです。

書《か》いているときは、すべてを忘《わす》れて集中《しゅうちゅう》していました。

自分《じぶん》が書《か》いたものをだれかが評価《ひょうか》してくれるなんて、思《おも》ってもいないことでした。

目《め》の前《まえ》に光《ひかり》がさしてきたような気持《きも》ちだったんです。

もっともっと、果《は》てしなく書《か》きたい、書《か》きつづけたいと思《おも》いました。

これをきっかけに、僕《ぼく》は学生《がくせい》ミュージカルのための脚本《きゃくほん》をいくつも書《か》いたんです。

17 僕《ぼく》は社会人《しゃかいじん》になれるのか

ばあちゃんのおかげで、そしてキミツのおかげで、僕《ぼく》は生《い》きていくことに希望《きぼう》を持《も》つようになりました。

自分《じぶん》の書《か》いた脚本《きゃくほん》に感動《かんどう》したと言《い》ってくださるお客《きゃく》さんがいらしたことも、強《つよ》い強《つよ》いはげみになったんです。

そして僕《ぼく》は、22歳《さい》になりました。

自分《じぶん》なんかが社会《しゃかい》に出《で》て、一人前《いちにんまえ》の社会人《しゃかいじん》になれるのかどうか、まったくわかりませんでしたが、生《い》きていくためには迷《まよ》ってなんかいられません。

ぶつかっていくしかないのです。

不安《ふあん》も、もちろんいっぱいありましたが、僕《ぼく》は一流《いちりゅう》といわれる有名企業《ゆうめいきぎょう》に就職《しゅうしょく》することができました。

といっても、当時《とうじ》はバブルと呼《よ》ばれる、どの企業《きぎょう》も血眼《ちまなこ》で新入社員《しんにゅうしゃいん》を獲得《かくとく》しようとしていた時《じ》代《だい》だったので、特別《とくべつ》、優秀《ゆうしゅう》でない僕《ぼく》でも、もぐりこむことができたんです。

その会社《かいしゃ》には、はじめはアルバイトで入社《にゅうしゃ》しました。

会社《かいしゃ》は新卒《しんそつ》の男子《だんし》を死《し》ぬほどほしがっていたので、社員《しゃいん》にならないかと、しきりに言《い》ってくれました。

それを、ありがたくお受《う》けしたんですね。

肉体労働《にくたいろうどう》しかやったことのない自分《じぶん》がスーツを着《き》て、オフィス街《がい》の超高層《ちょうこうそう》インテリジェントビルに通《かよ》い、仕事《しごと》をするだなんて、なかなか実感《じっかん》がわきませんでした。

自分《じぶん》のデスクがあることも、自分用《じぶんよう》の名刺《めいし》を作《つく》ってもらえたことも、社員証《しゃいんしょう》をもらえたことも、保険証《ほけんしょう》をもらえたことも、なんだか夢《ゆめ》みたいに思《おも》えました。

「一流企業《いちりゅうきぎょう》に就職《しゅうしょく》できたなんて、すごいね」と、ミュージカルの共演者《きょうえんしゃ》に言《い》われたりすると、自《じ》分《ぶん》まで一流《いちりゅう》になったような気《き》がして、なんだかふわふわした気持《きも》ちになったりしていたんです。

しかし、現実《げんじつ》は甘《あま》くはなかった。

ちゃんと試練《しれん》が待《ま》ち受《う》けていました。

同期入社《どうきにゅうしゃ》の新入社員《しんにゅうしゃいん》たちは、僕以外《ぼくいがい》は全員《ぜんいん》、国立大《こくりつだい》や有名私立大《ゆうめいしりつだい》を卒業《そつぎょう》したエリート候補《こうほ》たちでした。

彼《かれ》らは先輩《せんぱい》から一流企業《いちりゅうきぎょう》の顧客《こきゃく》を引《ひ》きついで、ビジネスマンとして華《はな》やかなスタートを切《き》って
いました。

一方《いっぽう》で、僕《ぼく》に課《か》せられたのは、新規顧客開拓《しんきこきゃくかいたく》という泥沼《どろぬま》みたいな仕事《しごと》でした。

東京都内《とうきょうとない》の中小企業《ちゅうしょうきぎょう》にかたっぱしから電話《でんわ》をかけ、ひたすら、

「うちの商品《しょうひん》をご紹介《しょうかい》させていただけないでしょうか」

とおうかがいする仕事《しごと》です。

忙《いそが》しい中小企業《ちゅうしょうきぎょう》にそんな電話《でんわ》をかけてくるやつは、たいてい追《お》っぱらわれます。

必死《ひっし》でやりましたが、ほとんど「けっこうです」と迷惑《めいわく》そうな声《こえ》で言《い》われ、電話《でんわ》をガチャンと
切《き》られました。

それをくりかえして、月間《げっかん》の売《う》り上《あ》げ目標《もくひょう》を達成《たっせい》しなければならないのですが、1日中電話《にちじゅうでんわ》を
かけても、売《う》れるどころか、話《はなし》を聞《き》いてももらえませんでした。

売《う》り上《あ》げ目標《もくひょう》にまったく届《とど》かない月《つき》がつづいたら、クビになるかもしれません。

「もしクビになったら、もう二度《にど》と、一流企業《いちりゅうきぎょう》になんか就職《しゅうしょく》できないだろう」

そう思《おも》うと、あせりがつのりました。

キミツに相談《そうだん》したかったんですが、彼《かれ》はそのころ、日本最大手《にっぽんさいおおて》のミュージカル劇団《げきだん》のオーディションに合格《ごうかく》して、研究生《けんきゅうせい》として厳《きび》しい訓練《くんれん》に毎日《まいにち》取《と》り組《く》んでいるところでした。

そんな彼《かれ》に、えんえんと愚痴《ぐち》を聞《き》かせるわけにもいきません。

どうやったら突破口《とっぱこう》を見《み》いだせるのか、僕《ぼく》は悩《なや》みました。

そんな、ある日《ひ》のことです。

同期入社《どうきにゅうしゃ》の社員《しゃいん》たちを対象《たいしょう》に行《おこな》われた勉強会《べんきょうかい》が終《お》わったあと、みんなで食事《しょくじ》にいこうということになりました。

居酒屋《いざかや》にいき、ビールで乾杯《かんぱい》し、料理《りょうり》をつつきながらみんなで談笑《だんしょう》したんです。

それぞれが、仕事《しごと》においての近況《きんきょう》を話《はな》していましたが、だれもが一流企業《いちりゅうきぎょう》の顧客《こきゃく》を相手《あいて》に活躍《かつやく》している様子《ようす》で、うだつがあがらない僕《ぼく》の話《はなし》は、みんなと比《くら》べてだいぶ落差《らくさ》がありました。

顧客《こきゃく》の企業戦略《きぎょうせんりゃく》にあわせて、いかに商品《しょうひん》を売《う》りこんでいくかという話《はなし》をみんながしている中《なか》で、僕《ぼく》だけは、ひたすら電話《でんわ》をかけては切《き》られつづける話《はなし》しかできません。

みんな、僕《ぼく》の話《はなし》を聞《き》いてもしかたがないみたいな顔《かお》をしていて、僕《ぼく》が話《はな》しはじめると、すぐにちがう話題《わだい》に切《き》りかえてしまうんです。

「やっぱり、なんの成果《せいか》もあげていない僕《ぼく》の仕事《しごと》になんか、みんな興味《きょうみ》ないよな」

そう思《おも》った僕《ぼく》は、しかたなく、聞《き》き役《やく》に徹《てっ》していました。

しばらくするとメンバーのひとりが、

「うたちゃんて、ポテトフライとか唐揚《からあ》げとか、揚《あ》げ物《もの》をぜんぜん食《た》べないね」

と言《い》ってきました。

「ああそれは、僕《ぼく》は太《ふと》りやすくて、昔《むかし》、超肥満体《ちょうひまんたい》だったんです。その上《うえ》、アトピーで。脂《あぶら》っこいものや添加物《てんかぶつ》の多《おお》いものを食《た》べないようにしたら、両方《りょうほう》とも改善《かいぜん》したんです」

と話《はな》したら、みんながものすごく食《く》いついてきたんです。

どのぐらいの期間《きかん》でやせたのかとか、どんなものは食《た》べてよくて、どんなものはひかえたほうがいいのかとか、さまざまな質問《しつもん》を受《う》けました。

結局《けっきょく》、その食事会《しょくじかい》は、僕《ぼく》のダイエット講習会《こうしゅうかい》みたいになってしまったんです。

このことに、僕《ぼく》はヒントを得《え》たような気《き》がしました。

人《ひと》は、聞《き》きたくない話《はなし》はどんなにていねいに話《はな》しても聞《き》いてくれないし、どんなにしつこく話《はな》しても、聞《き》く耳《みみ》を持《も》ちません。

でも、聞《き》きたい話《はなし》は、目《め》の色《いろ》を変《か》えて聞《き》いてくれるんです。

「そうか、お客《きゃく》さんたちが聞《き》きたい話《はなし》をすればいいんだ」

そうひらめいた僕《ぼく》は戦略《せんりゃく》を練《ね》り、ビジネス大成功作戦《だいせいこうさくせん》を実行《じっこう》したんです。

まず、我《わ》が社《しゃ》の商品《しょうひん》を使用《しよう》して業績《ぎょうせき》を伸《の》ばした会社《かいしゃ》の事例《じれい》を、資料《しりょう》としてまとめはじめました。

会社《かいしゃ》の先輩《せんぱい》などをつかまえては、担当企業《たんとうきぎょう》がどのように業績《ぎょうせき》を伸《の》ばしたのか、工夫《くふう》した点《てん》などをインタビューして、レポートにまとめたんです。

まだ入社《にゅうしゃ》して間《ま》もない自分《じぶん》には、かんたんなことではありませんでしたが、文章《ぶんしょう》を書《か》くのは大《だい》好《す》きだったので、苦《く》にはなりませんでした。

かなり熱中《ねっちゅう》して書《か》きまくったんです。

いくつかレポートが完成《かんせい》すると、僕《ぼく》は上司《じょうし》に相談《そうだん》しにいきました。

「このレポートを、新規開拓用《しんきかいたくよう》の資料《しりょう》として使《つか》いたいので、各社《かくしゃ》から許可《きょか》をもらってほしい」

と、お願《ねが》いしたんです。

上司《じょうし》はちょっと驚《おどろ》いていましたが、すぐに動《うご》いてくれました。

若干《じゃっかん》の修正《しゅうせい》を条件《じょうけん》に、顧客企業《こきゃくきぎょう》の担当者《たんとうしゃ》は使用《しよう》を許可《きょか》してくれて、事例《じれい》レポート集《しゅう》がこうしてできあがったんです。

事例《じれい》レポートをもっと増《ふ》やそうと、インタビューをつづけるかたわら、できあがったレポートを少《すこ》しずつプリントアウトして、僕《ぼく》は今《いま》まで電話《でんわ》をかけては追《お》っぱらわれていた、すべての会社《かいしゃ》に郵送《ゆうそう》しました。

「どうか、捨《す》てられずに読《よ》んでもらえますように」

祈《いの》るような気持《きも》ちで送《おく》ったレポートでしたが、思《おも》ったより大《おお》きな反響《はんきょう》がありました。

当時《とうじ》はインターネットがなくて、他社《たしゃ》の成功事例《せいこうじれい》を知《し》るのはかんたんなことではなかったので、興味《きょうみ》を持《も》ってもらえたようでした。

今《いま》まで電話《でんわ》をかけてもガチャンと切《き》られていた会社《かいしゃ》のいくつかから、問《と》いあわせが入《はい》ってくるようになりました。

僕《ぼく》はすぐさま訪問《ほうもん》して、商品《しょうひん》や事例《じれい》を紹介《しょうかい》し、そのうち何件《なんけん》かは受注《じゅちゅう》に結《むす》びつきました。

飛《と》びあがるぐらい、うれしかった。

ですが、喜《よろこ》んでばかりはいられませんでした。

「たしかに以前《いぜん》よりは受注《じゅちゅう》できるようになった。でも、これだけでは目標《もくひょう》を達成《たっせい》することはできない。どうしたらいいだろう」

このていどでは焼《や》け石《いし》に水《みず》だと考《かんが》えていたところに、受注《じゅちゅう》をいただいた会社《かいしゃ》の担当者《たんとうしゃ》から電話《でんわ》がかかってきました。

「歌川《うたがわ》さんの作《つく》った事例《じれい》レポートはよくできていて、うちの社員《しゃいん》の勉強《べんきょう》になる。各支社《かくししゃ》や関連会社《かんれんがいしゃ》、協力会社《きょうりょくがいしゃ》の担当者《たんとうしゃ》すべてを集《あつ》めるから、事例《じれい》セミナーを我《わ》が社《しゃ》でやってくれないか」

という相談《そうだん》だったんです。

もちろん「やらせてください」と、僕《ぼく》は即答《そくとう》しました。

50社以上《しゃいじょう》の会社《かいしゃ》が一堂《いちどう》に集《あつ》まるセミナー講師《こうし》をやってみたところ、参加《さんか》した会社《かいしゃ》から多数《たすう》の受注《じゅちゅう》が舞《ま》いこんで、僕《ぼく》は一気《いっき》に目標《もくひょう》を達成《たっせい》することができました。

さらにその後《ご》、僕《ぼく》は我《わ》が社主催《しゃしゅさい》のセミナーも開催《かいさい》することにしました。

こちらから1社《しゃ》1社《しゃ》に電話《でんわ》をかけたりしなくても、むこうから話《はなし》を聞《き》きにきてくれる仕組《しく》みを作《つく》りたかったんです。

上司《じょうし》は、ビジネス書籍《しょせき》をいくつも出版《しゅっぱん》している有名講師《ゆうめいこうし》をゲストに招《まね》いてくれました。

すると、会場《かいじょう》に入《はい》りきらないほどの人《ひと》がセミナーに参加《さんか》してくれたんです。

セミナーに参加《さんか》してくれた会社《かいしゃ》の担当者《たんとうしゃ》から、びっくりするぐらいの注文《ちゅうもん》をいただきました。

お客様《きゃくさま》に、「各社《かくしゃ》の事例《じれい》にくわしい人《ひと》」と認識《にんしき》された僕《ぼく》は、お客様《きゃくさま》の会社《かいしゃ》で問題《もんだい》が発生《はっせい》するたびに相談《そうだん》され、いっしょに解決方法《かいけつほうほう》を考《かんが》えるようになりました。

その際《さい》に我《わ》が社《しゃ》の商品《しょうひん》を使《つか》った解決法《かいけつほう》があれば、それを提案《ていあん》したんです。

そうこうしているうちに、売《う》り上《あ》げはぐんぐん伸《の》びて、僕《ぼく》は我《わ》が社《しゃ》のトップ営業《えいぎょう》マンとなりました。

スター社員《しゃいん》として、数々《かずかず》の賞《しょう》を受賞《じゅしょう》するようになったのです。

18 かけがえのない仲間《なかま》との出会《であ》い

入社《にゅうしゃ》して何年《なんねん》かがすぎ、後輩《こうはい》ができると、当時《とうじ》トップ営業《えいぎょう》マンだった僕《ぼく》に、あこがれの目《め》をむけてくる後輩《こうはい》もあらわれました。

「僕《ぼく》にあこがれるとか、ホントやめてくれる？」

僕《ぼく》は心底《しんそこ》そう思《おも》っていました。

当時《とうじ》の僕《ぼく》は、必死《ひっし》で漕《こ》いでないと倒《たお》れてしまう自転車《じてんしゃ》みたいに、働《はたら》いていないと倒《たお》れてしまうようなワーカホリック状態《じょうたい》だったんです。

営業《えいぎょう》マンとして売《う》らなければいけないノルマは、どんどん増《ふ》えていきました。

たくさん売《う》るためには、どんどん人脈《じんみゃく》を広《ひろ》げていかなくてはなりません。

社内《しゃない》のほかの事業部《じぎょうぶ》の人《ひと》たちからもお客様《きゃくさま》を紹介《しょうかい》してもらえるように、あちこちの酒《さけ》の席《せき》に毎《まい》晩《ばん》のように参加《さんか》して、芸人《げいにん》さんみたいに、歌《うた》やモノマネを披露《ひろう》したりしていたんです。

笑《わら》いをとるためにたくさんの「すべらない話《はなし》」をストックして、軽妙洒脱《けいみょうしゃだつ》な自分《じぶん》をよそおって社交的《しゃこうてき》にふるまっていました。

酒《さけ》を飲《の》んだあとに会社《かいしゃ》にもどって仕事《しごと》をして、そのまま会社《かいしゃ》で寝《ね》てしまうことも、めずらしくはありませんでした。

僕《ぼく》は、働《はたら》いていないと不安《ふあん》だったんです。

がんばってノルマを達成《たっせい》しつづけないと、みんなから見《み》はなされて、また孤独《こどく》な自分《じぶん》にもどってしまうような、社会人失格《しゃかいじんしっかく》の烙印《らくいん》を押《お》されてしまうような、そんな恐怖感《きょうふかん》を抱《いだ》きつづけていたのでした。

仕事《しごと》に忙殺《ぼうさつ》される毎日《まいにち》の中《なか》の、ある日《ひ》のことでした。

とつぜん、キミツから、電話《でんわ》がかかってきたんです。

「僕《ぼく》の地元《じもと》で、ちょっと飲《の》まない？　ひさびさに話《はな》そうよ」

キミツとは、しばらく会《あ》っていませんでした。

そんな誘《さそ》いの電話《でんわ》をくれるなんて、めずらしいことです。

仕事《しごと》への執着《しゅうちゃく》を断《た》ちきるのは、かんたんではありませんでしたが、夕方《ゆうがた》に退社《たいしゃ》して電車《でんしゃ》に乗《の》り、僕《ぼく》はキミツの家《いえ》がある街《まち》へ出《で》かけていきました。

ひさしぶりに聞《き》くキミツの毒舌《どくぜつ》がうれしくて、僕《ぼく》はおおいにはしゃぎ、2軒目《けんめ》の店《みせ》で飲《の》みなおそうと、街《まち》の中《なか》を2人《ふたり》でぶらぶら歩《ある》いていたんです。

すると、

「うたちゃん！」

と、僕《ぼく》を呼《よ》び止《と》める女性《じょせい》の声《こえ》が聞《き》こえてきました。

だれだろうと思《おも》ってふりむくと、そこには会社《かいしゃ》の同僚《どうりょう》の女性《じょせい》が立《た》っていました。

ほがらかな人柄《ひとがら》で、みんなから「かなちゃん」と呼《よ》ばれて親《した》しまれている社員《しゃいん》です。

横《よこ》には、かなちゃんの彼氏《かれし》がいました。

かなちゃんもその彼氏《かれし》も、キミツと同《おな》じ街《まち》に住《す》んでいたんです。

かなちゃんが「4人《にん》で飲《の》もうよ」と言《い》うので、全員《ぜんいん》で近《ちか》くの居酒屋《いざかや》に入《はい》りました。

かなちゃんの彼氏《かれし》は「大将《たいしょう》」と呼《よ》ばれていて、背《せ》が高《たか》くてがっちりした、典型的《てんけいてき》なスポーツマンでした。

聞《き》けば彼《かれ》は元《もと》ハンドボールの選手《せんしゅ》で、国体《こくたい》に出場《しゅつじょう》したこともあるとか。

今《いま》までの僕《ぼく》には、近《ちか》よりたくても、まぶしすぎて近《ちか》よれないタイプの、直射日光《ちょくしゃにっこう》みたいに明《あか》るい青年《せいねん》でした。

4人《にん》で居酒屋《いざかや》のテーブルをかこみ、僕《ぼく》は最初《さいしょ》は緊張《きんちょう》していたんですが、陽気《ようき》な大将《たいしょう》とかなちゃんは僕《ぼく》の話《はなし》に大笑《おおわら》いしてくれました。

大将《たいしょう》のような青年《せいねん》に、よく思《おも》われたい気持《きも》ちに火《ひ》がついた僕《ぼく》は、すべらない話《はなし》スペシャルをぶちかまして、全力《ぜんりょく》で笑《わら》いをとりました。

大将《たいしょう》は、そうとう愉快《ゆかい》だったらしく、

「うちに泊《と》まっていけよ、明日《あした》は休《やす》みだろ」

と言《い》って、終電《しゅうでん》の時間《じかん》になっても僕《ぼく》をはなしませんでした。

休《やす》みでも自宅《じたく》で仕事《しごと》をしようと思《おも》っていたので、少《すこ》し迷《まよ》いましたが、こんなに楽《たの》しい時間《じかん》が終《お》わってしまうのが惜《お》しくて、はじめて会《あ》ったばかりの大将《たいしょう》の家《いえ》に泊《と》めてもらうことにしたんです。

翌朝《よくあさ》、目覚《めざ》めると、大将《たいしょう》は僕《ぼく》のとなりで眠《ねむ》っていました。

僕《ぼく》とは縁《えん》がないようなキャラクターの彼《かれ》が、たぶん人気者《にんきもの》で、だれからも愛《あい》されてきたような彼《かれ》が、すんなり僕《ぼく》を受《う》け入《い》れてくれた。

暗黒《あんこく》のようだった10代《だい》のころには、どんなに望《のぞ》んでも叶《かな》わなかったことです。

僕《ぼく》は感動《かんどう》して、胸《むね》がきゅんきゅんになってしまいました。

それからというもの、僕《ぼく》は大将《たいしょう》やかなちゃんと、頻繁《ひんぱん》に遊《あそ》ぶようになりました。

毎週《まいしゅう》、大将《たいしょう》とかなちゃんが誘《さそ》ってくれて、週末《しゅうまつ》になると僕《ぼく》を連《つ》れだしてくれたんです。大将《たいしょう》は車《くるま》の運転《うんてん》が大好《だいす》きで、僕《ぼく》とちがってアウトドア派《は》でした。グルメスポットにいったり、テーマパークにいったりして、本当《ほんとう》に楽《たの》しい時間《じかん》をすごしました。そのうち、かなちゃんとなかよしの同僚《どうりょう》たちも加《くわ》わってきて、バーベキューをしたり、花火《はなび》をしたりするようにもなりました。

僕《ぼく》に青春時代《せいしゅんじだい》というものがあるのだとしたら、まさに、このころだと思《おも》います。ずいぶん遅《おそ》くやってきた青春時代《せいしゅんじだい》でしたが、こんな僕《ぼく》にも輝《かがや》く季節《きせつ》が訪《おとず》れたんです。

みんなで焼《や》き肉《にく》を食《た》べている写真《しゃしん》、ボウリングをしている写真《しゃしん》、誕生日《たんじょうび》を祝《いわ》ってもらっている写真《しゃしん》、そんな写真《しゃしん》が増《ふ》えていきました。

僕《ぼく》は、何度《なんど》も何度《なんど》も何度《なんど》もそれをながめては、自分《じぶん》がどれだけこんな写真《しゃしん》がほしかったのかを知《し》ったのでした。

暗黒《あんこく》の10代《だい》で与《あた》えてもらえなかったものを、大将《たいしょう》とかなちゃんが次々《つぎつぎ》に与《あた》えてくれたんです。

2人《ふたり》が僕《ぼく》にしてくれたことは、それだけではありません。

2人《ふたり》は僕《ぼく》の過去《かこ》の傷《きず》にもそっと手《て》を当《あ》ててくれたんです。

大将《たいしょう》とかなちゃんと3人《にん》で、温泉旅行《おんせんりょこう》にいったときのことです。

大将《たいしょう》がいっしょに風呂《ふろ》に入《はい》ろうと言《い》ってくれたんですが、僕《ぼく》は人前《ひとまえ》で裸《はだか》になるのが死《し》ぬほどいやでした。

ましてや大将《たいしょう》のように、筋骨《きんこつ》たくましく美《うつく》しい体《からだ》をしたスポーツマンの前《まえ》でなんか、絶対《ぜったい》に裸《はだか》になんてなりたくなかったんです。

僕《ぼく》の体《からだ》には、虐待《ぎゃくたい》の傷《きず》あとや、皮膚疾患《ひふしっかん》のあとが、いたるところにあるからです。

それまでに僕《ぼく》の体《からだ》を見《み》た人《ひと》は、だれもが、とまどいを隠《かく》すような表情《ひょうじょう》をうかべました。

その表情《ひょうじょう》が、心《こころ》につき刺《さ》さるんです。

そんなめんどうくさい自分《じぶん》が、死《し》ぬほどいやになってしまうんです。

「いいからこいよ」

そう言《い》って大将《たいしょう》は僕《ぼく》の手《て》をつかみ、大浴場《だいよくじょう》に連《つ》れていきました。

露天風呂《ろてんぶろ》で僕《ぼく》の裸《はだか》を見《み》た大将《たいしょう》は、僕《ぼく》がいやがっていた理由《りゆう》を、瞬時《しゅんじ》にさとったような表情《ひょうじょう》をうかべました。

彼《かれ》が僕《ぼく》になんて言《い》うのか、それとも、なにも言《い》わないのか。

僕《ぼく》はかたずを呑《の》んで、大将《たいしょう》のリアクションを待《ま》ちました。

「オレにはもう、恥《は》ずかしがるな」

大将《たいしょう》は、そう言《い》いました。

そのときの大将《たいしょう》の声《こえ》、大将《たいしょう》の顔《かお》。

それらは、胸《むね》に高解像度《こうかいぞうど》で刻《きざ》まれて、どんなに時間《じかん》がたっても色《いろ》あせません。

色《いろ》あせない言葉《ことば》って、本当《ほんとう》にあるんです。

宿《やど》で楽《たの》しく飲《の》んだ翌日《よくじつ》、僕《ぼく》たち３人《にん》は海《うみ》を見《み》にいきました。

かなちゃんは照《て》りかえす海《うみ》の光《ひかり》に目《め》をほそめながら、

「体《からだ》の傷《きず》のこと、大将《たいしょう》に聞《き》いたよ」

と僕《ぼく》に言《い》いました。そして、

「うたちゃん、うちの子《こ》になりなよ」

って、そう言《い》ってくれました。

あのときの海《うみ》は、本当《ほんとう》にきれいでした。

空《そら》が高《たか》くて、その深《ふか》い青色《あおいろ》が海《うみ》に映《うつ》っていました。

波間《なみま》に光《ひかり》がキラキラ輝《かがや》いて、ダイヤモンドのようでした。

「以前《いぜん》に海《うみ》がきれいだって思《おも》ったのは、いつだったっけ」

思《おも》いだそうとしたけれど、必死《ひっし》に記憶《きおく》をたどっても、思《おも》いだせませんでした。

思《おも》いだせないってことは、これがはじめてだと思《おも》ってもいいのかなって、僕《ぼく》は考《かんが》えました。

あのとき、3人《にん》で見《み》た海《うみ》。

それが、生《う》まれてはじめてきれいだと思《おも》った海《うみ》だったんです。


強《つよ》くなりたいとか、強《つよ》くなれとか、人《ひと》はよくそう言《い》います。

強《つよ》くなるって、なんなのでしょう。

どうすれば、強《つよ》くなれるのでしょう。

気《き》が強《つよ》そうな人《ひと》でも、案外《あんがい》ぽっきり折《お》れてしまったりしますよね。

ちょっとやそっとのショックやストレスではへこたれない、強《つよ》くしなやかな心《こころ》を作《つく》るには、どうしたらいいのでしょう。

筋肉《きんにく》だったら、筋《きん》トレすれば強《つよ》くなりますね。

でも、心《こころ》って、どうすれば強《つよ》くなるのでしょうか。

正解《せいかい》はないのかもしれません。

答《こた》えは人《ひと》によって、さまざまなのかもしれません。

僕《ぼく》は思《おも》うんです。

心《こころ》を強《つよ》くする方法《ほうほう》は、いい思《おも》い出《で》や楽《たの》しい思《おも》い出《で》を、たくさん作《つく》ることなんだって。

楽《たの》しい思《おも》い出《で》がいっぱいある人《ひと》は、かんたんに人生《じんせい》に絶望《ぜつぼう》したりしません。

つらいことがあっても、つらいことばっかりつづくわけではないことがわかっているからです。

人間《にんげん》としての誇《ほこ》りや良心《りょうしん》を、捨《す》ててしまうこともありません。

誇《ほこ》りや良心《りょうしん》を捨《す》てたら、もうあんなに楽《たの》しい気持《きも》ちにはなれないということを知《し》っているからです。

僕《ぼく》はかなちゃんと大将《たいしょう》に、楽《たの》しい思《おも》い出《で》をたくさんもらいました。

2人《ふたり》は、基本的《きほんてき》に体育会系《たいいくかいけい》で、しかも、かなりのドSです。

アウトドアが苦手《にがて》な僕《ぼく》は、やったこともないのに、スキー板《いた》をつけられて、雪山《ゆきやま》の頂上《ちょうじょう》からすべらされました。

ゲレンデに自分《じぶん》の絶叫《ぜっきょう》がこだまするのを、この耳《みみ》で聞《き》きました。

足《あし》にフィンを履《は》かされ、シュノーケルをくわえさせられて、船上《せんじょう》から海《うみ》にほうりこまれました。

うらみました。

そして、それ以上《いじょう》に愛《あい》していました。

うらんでいるのに、写真《しゃしん》の僕《ぼく》は、これ以上《いじょう》ないほど楽《たの》しそうに笑《わら》っているんです。

今《いま》でも、また海《うみ》につき落《お》とされたいんです。

そんな思《おも》い出《で》を胸《むね》に積《つ》もらせて、僕《ぼく》は少《すこ》しずつ強《つよ》くなることができました。

暗黒時代《あんこくじだい》の心《こころ》の傷《きず》がよみがえっても、少々《しょうしょう》のことではぐらつかなくなっていったんです。

しかし、心《こころ》の傷《きず》との戦《たたか》いはＲＰＧゲームと同《おな》じように、自分《じぶん》のレベルがあがってくると、より強《つよ》い敵《てき》と戦《たたか》わねばならなくなるんです。

このころから僕《ぼく》はいよいよ、ボスキャラのような敵《てき》たちと戦《たたか》うようになりました。

19 ボス敵《てき》は自分《じぶん》の中《なか》にいた

大好《だいす》きな大将《たいしょう》や、かなちゃんたちと楽《たの》しい時間《じかん》をすごす一方《いっぽう》で、仕事《しごと》はますますキツくなっていきました。

会社《かいしゃ》は僕《ぼく》に「もっと売《う》れ」「昨年《さくねん》の2倍売《ばいう》れ」などと要求《ようきゅう》してきます。

会社《かいしゃ》の要求《ようきゅう》に応《こた》えられないことは、当時《とうじ》の僕《ぼく》にとって、恐怖《きょうふ》そのものでした。

会社《かいしゃ》のみんなが僕《ぼく》となかよくしてくれるのも、大将《たいしょう》やかなちゃんと楽《たの》しくしていられるのも、僕《ぼく》が売《う》れっ子営業《こえいぎょう》マンだからなんだって、勝手《かって》に思《おも》いこんでしまっていたんです。

体力《たいりょく》はもう、限界《げんかい》を超《こ》えていました。

1日《にち》に14時間《じかん》とか16時間《じかん》とか、毎日働《まいにちはたら》いていたんです。

そうしているうちに僕《ぼく》は、だんだんとズルをするようになりました。

ほかの営業《えいぎょう》マンの担当《たんとう》エリアを侵《おか》して、商品《しょうひん》を売《う》るようになったんです。

それは社内《しゃない》ルールで、固《かた》く禁《きん》じられていた行為《こうい》でした。

また、ほかの事業部《じぎょうぶ》の顧客《こきゃく》リストを勝手《かって》に流用《りゅうよう》したり、社外秘資料《しゃがいひしりょう》を無断《むだん》で社外《しゃがい》に持《も》ちだしたり、とてもむちゃな納期《のうき》で受注《じゅちゅう》してしまったりもしていました。

「そんな納期《のうき》じゃ、ぜんぜん間《ま》にあいません」

とスタッフに言《い》われたのを、

「こっちは必死《ひっし》で売《う》ってるんだ、協力《きょうりょく》してとうぜんだろ！」

と一喝《いっかつ》して、むりをさせるみたいなこともやりました。

スタッフにまで、深夜残業《しんやざんぎょう》を覚悟《かくご》させたりしていたんです。

そんな僕《ぼく》の不穏《ふおん》な動《うご》きを察知《さっち》した同僚《どうりょう》が、

「もしかして不正《ふせい》しているんじゃないのか」

と指摘《してき》してきました。

僕《ぼく》はカッとなり、

「しかたないだろ！」

と彼《かれ》を怒鳴《どな》りつけてしまいました。

「僕《ぼく》は課《か》の中《なか》でいちばん売《う》り上《あ》げをあげなきゃならない。売《う》れてないやつのぶんまでカバーさせられてるんだ。まともにやってたら死《し》んでしまう。死《し》ねばいいのか、僕《ぼく》は！」

激昂《げきこう》する僕《ぼく》に、同僚《どうりょう》はちょっとおびえた顔《かお》をしました。

そう、僕《ぼく》はモラハラ（モラルハラスメント）の加害者《かがいしゃ》になっていたんです。

それだけじゃありません。

「このこと黙《だま》っててくれたらさ、キミに売《う》り上《あ》げ少《すこ》しまわしてあげるよ。悪《わる》い話《はなし》じゃないと思《おも》うけど」

僕《ぼく》は、彼《かれ》にそんなことまで言《い》ったんです。

翌日《よくじつ》、僕《ぼく》は上司《じょうし》に呼《よ》びだされました。

「きみはルール違反《いはん》して営業《えいぎょう》しているのか」

と問《と》いつめられて、頭《あたま》に血《ち》がのぼりました。

「あの野郎《やろう》、チクったんだな。ぶっつぶしてやる！」

思《おも》わずそう思《おも》った僕《ぼく》は、そんな自分《じぶん》にハッとなりました。

頭《あたま》に母《はは》の顔《かお》がうかんできたんです。

人《ひと》にいい顔《かお》ばかりしてるくせに、都合《つごう》の悪《わる》いことを隠《かく》すためには、他人《たにん》に嘘《うそ》までつかせようとする。

刃《は》むかうものは、つぶそうとする。

それは、カリスマだった母《はは》そのものです。

そんな母《はは》がいやで、母《はは》から逃《に》げ、母《はは》とはなれて暮《く》らしているというのに、僕《ぼく》はまるっきり母《はは》と同《おな》じようなことをしていたんです。

あんなに、うらんだ母《はは》。

でも、母《はは》は僕《ぼく》だったんです。

自分《じぶん》はなんて汚《きたな》いのだろうと、本当《ほんとう》に、心《こころ》の底《そこ》から思《おも》いました。

信念《しんねん》もなく、いびつに積《つ》み重《かさ》なった積《つ》み木《き》のような大人《おとな》になってしまった自分《じぶん》。

がんばって積《つ》みあげてきたつもりだったけれど、気《き》がつくとフラフラしてすぐにくずれてしまいそうです。

くずれそうになるとき、心《こころ》はいつも、すさまじい痛《いた》みを感《かん》じていました。

過去《かこ》の傷《きず》が、すべてよみがえり、

「おまえなんか、いなくていい、死《し》ねばいい」

と、囁《ささや》きかけてくるのです。

それが怖《こわ》くて、どんどん卑劣《ひれつ》な自分《じぶん》になっていたのです。

「おまえなんか、いなくていい」

という声《こえ》をおそれた結果《けっか》、いなくていい人間《にんげん》に本当《ほんとう》になりかけていました。

なにがいちばん自分《じぶん》を苦《くる》しめるのかといえば、ほかでもない、自分自身《じぶんじしん》です。

こんな自分自身《じぶんじしん》が、もっとも僕《ぼく》を苦《くる》しめるのです。

戦《たたか》うべき相手《あいて》は、自分《じぶん》の中《なか》にいたのです。

負《ま》けたくない、でも、自信《じしん》がない。

ありのままの自分《じぶん》を、人《ひと》が受《う》け入《い》れてくれるだなんて、とてもとても思《おも》えない。

どこかむりをしていなければ、だれにも相手《あいて》になんかしてもらえない。

そんなふうにしか考《かんが》えられないから、どこまでもむりをしてしまう。

結果的《けっかてき》に、他人《たにん》までも苦《くる》しめてしまうんです。

「僕《ぼく》に生《い》きてる価値《かち》なんてあるんだろうか」

はげしく落《お》ちこんだ僕《ぼく》は、しばらく大将《たいしょう》とも会《あ》いませんでした。

自分《じぶん》が大嫌《だいきら》いで大嫌《だいきら》いでしかたがなくて、やさしい彼《かれ》にあわせる顔《かお》がないと思《おも》ったんです。

同僚《どうりょう》であるかなちゃんとも、社内《しゃない》でなるべく顔《かお》をあわせないようにしていました。

20 自分《じぶん》の力《ちから》

もうだれにも会《あ》いたくない僕《ぼく》でしたが、社内《しゃない》で亡霊《ぼうれい》みたいになっている僕《ぼく》を見《み》ていたかなちゃんは、心配《しんぱい》して大将《たいしょう》に「うたちゃんを誘《さそ》って連《つ》れだして」と言《い》ってくれていました。

大将《たいしょう》はすぐに、僕《ぼく》のアパートにきてくれたんです。

大将《たいしょう》のような、直射日光《ちょくしゃにっこう》みたいな人《ひと》に、

「なにがあったか話《はな》せ」

と言《い》われると、僕《ぼく》はなぜか逆《さか》らえません。

長《なが》い時間《じかん》がかかりましたが、僕《ぼく》は自分《じぶん》の小《ちい》さいころからのことや、会社《かいしゃ》でしてしまったことなどを、すべて大将《たいしょう》に話《はな》しました。

なんとか泣《な》かないように、汚《きたな》い自分《じぶん》のことが、いやでいやでしかたがない思《おも》いを吐《は》きだしたんです。

大将《たいしょう》は、僕《ぼく》の肩《かた》を抱《だ》いて、ゆっくりと言《い》いました。

「うたちゃん、そんなに自分《じぶん》のことが嫌《きら》いなの？　オレは、うたちゃん大好《だいす》きだけどなぁ」

僕《ぼく》はもうなにも言《い》えなくなって、泣《な》くのをこらえるのでせいいっぱいでした。

そんな僕《ぼく》に、大将《たいしょう》はさらに言《い》いました。

「うたちゃんさ、自分《じぶん》に欠《か》けているものとか、自分《じぶん》の悪《わる》いところばっかり見《み》すぎだよ。持《も》ってるものだって、いっぱいあるじゃん。いいところも、いっぱいあるじゃん。そういうとこ、もっと見《み》なよ」

「ないよ、いいところなんか」

「あるよ！」

大将《たいしょう》に「いいところはある」と大確信《だいかくしん》で言《い》ってもらえて、僕《ぼく》ははじめて、自分《じぶん》が持《も》っているものや、自分《じぶん》のいいところについて考《かんが》えてみました。

大将《たいしょう》の言《い》う通《とお》りでした。

持《も》っているものはけっこう、あったんです。

なんといっても、大将《たいしょう》とかなちゃんがいます。

キミツもいます。

ばあちゃんとの思《おも》い出《で》だってあります。

いいところだって、あります。

僕《ぼく》は言葉《ことば》や文章《ぶんしょう》で、人《ひと》を説得《せっとく》することが得意《とくい》です。

たぶんこれは、カリスマだった母《はは》から受《う》け継《つ》いだものでしょう。

与《あた》えられた課題《かだい》に対《たい》して、ワンランク上《うえ》の成果《せいか》を出《だ》そうとがんばるところ。これもきっと、母《はは》から受《う》け継《つ》いだものです。

そしてなにより、丈夫《じょうぶ》な体《からだ》があります。

これはまぎれもなく、親《おや》が僕《ぼく》にくれたものです。

母《はは》から受《う》け継《つ》いだものは、悪《わる》いものばかりではないと、気《き》づくことができたんです。

「与《あた》えられなかったもののことばかり考《かんが》えるのは、もうやめよう。与《あた》えてもらったものだけ見《み》るようにしよう」

大将《たいしょう》のおかげで、そう考《かんが》えることができました。

僕《ぼく》は上司《じょうし》に、自分《じぶん》が不正《ふせい》を行《おこな》っていたことを告白《こくはく》しました。

大将《たいしょう》の言葉《ことば》に力《ちから》づけられて、僕《ぼく》は前《まえ》に進《すす》もうという気持《きも》ちになれたんです。

「暗黒《あんこく》だった子《こ》ども時代《じだい》の上《うえ》に、いびつに積《つ》み重《かさ》なった積《つ》み木《き》、ちゃんとした土台《どだい》もなくすぐに倒《たお》れてしまう積《つ》み木《き》、それが僕《ぼく》だ。でも、僕《ぼく》には力《ちから》だってある。その力《ちから》を使《つか》って、もう一度《いちど》、積《つ》み木《き》を積《つ》みなおすことができないだろうか」

僕《ぼく》は、そう考《かんが》えはじめました。

もう、自分《じぶん》のことを嫌《きら》ったり、自分《じぶん》をごまかしたりしたくない。

ありのままの自分《じぶん》で、正々堂々《せいせいどうどう》と生《い》きていきたい。

ありのままの自分《じぶん》を愛《あい》したいし、だれかに愛《あい》してほしい。

大将《たいしょう》は、自分《じぶん》の先輩《せんぱい》から聞《き》いた言葉《ことば》を、僕《ぼく》に教《おし》えてくれました。

「オレの先輩《せんぱい》も、親子関係《おやこかんけい》がぐちゃぐちゃだった。いじけていた先輩《せんぱい》に、ある人《ひと》が言《い》ったんだ。親《おや》に変《か》わってほしかったら、まずおまえが変《か》われって。子《こ》どもが変《か》わったら、親《おや》も絶対《ぜったい》に変《か》わるからって」

本当《ほんとう》だろうか。

ただの精神論《せいしんろん》ではないのだろうか。

そう感《かん》じなくもなかったのですが、その言葉《ことば》そのものよりも、大将《たいしょう》を信《しん》じようと、僕《ぼく》は思《おも》いました。

「考《かんが》えてみたら、今《いま》の自分《じぶん》から見《み》れば、母《はは》だって幸《しあわ》せじゃなかった。すさんでた。いつも、かわいそうな顔《かお》をしていた。この僕《ぼく》が母《はは》に幸《しあわ》せを与《あた》えてあげることができたなら、母《はは》だって変《か》わるのではないだろうか」

そう思《おも》ったのですが、そんなことがはたして自分《じぶん》にできるのか、僕《ぼく》は考《かんが》えこんでしまいました。できるのではないか、できるはずがない、やっぱりできるんじゃないか……心《こころ》が揺《ゆ》れました。

でも、最終的《さいしゅうてき》に、僕《ぼく》の心《こころ》はひとつの結論《けつろん》を出《だ》したんです。

「できるんじゃないだろうか」

大将《たいしょう》やかなちゃん、キミツ、心《こころ》の中《なか》にいるばあちゃん。

その顔《かお》を思《おも》いうかべると、なんだか自分《じぶん》にはできるような気《き》がしてきたんです。

「できる。だって今《いま》、僕《ぼく》は幸《しあわ》せだから。今《いま》まで幸《しあわ》せの意味《いみ》なんかわからなかったけど、今《いま》はわかるから。幸《しあわ》せとは、死《し》んでも裏切《うらぎ》れないだれかがこの世《よ》にいるということだから」

僕《ぼく》は、そう思《おも》いました。

21 再《ふた》び母《はは》とむきあう

大将《たいしょう》に背中《せなか》を押《お》され、僕《ぼく》は母《はは》との関係《かんけい》をたてなおし、それを土台《どだい》に、いびつな積《つ》み木《き》のような自分《じぶん》を積《つ》みなおそうと考《かんが》えました。

問題《もんだい》なのは、その方法《ほうほう》です。

いきなり会《あ》いにいって対面《たいめん》するのは、おたがいにとってハードルが高《たか》い。ヘタをしたら昔《むかし》のことを責《せ》めあって、罵《のの》りあって、もとの木阿弥《もくあみ》となる可能性《かのうせい》だってあります。

僕《ぼく》は、母《はは》に手紙《てがみ》を出《だ》すことにしました。

文字《もじ》でのコミュニケーションならば、慎重《しんちょう》に言葉《ことば》を選《えら》んで気持《きも》ちを伝《つた》えることができます。読《よ》むほうだって、最初《さいしょ》は冷静《れいせい》に読《よ》めなくても、あとから落《お》ちついて読《よ》みなおすことができます。

なにより僕《ぼく》は、文章《ぶんしょう》の持《も》つ力《ちから》を信《しん》じていました。

手紙《てがみ》の中《なか》で僕《ぼく》は、過去《かこ》の母《はは》とのできごとや、うらみについては、ふれませんでした。

いま、勤《つと》めている会社《かいしゃ》でトップ営業《えいぎょう》マンとなり、賞《しょう》をたくさんとったこと、お世話《せわ》になっている上司《じょうし》のこと、大事《だいじ》な友達《ともだち》のこと、いまの自分《じぶん》についてだけを書《か》きました。

そして、これから何通《なんつう》も手紙《てがみ》を出《だ》すだろうけれど、手紙《てがみ》には「ごめんなさい」「ありがとう」「元気《げんき》でいてね」という3つの言葉《ことば》を、かならず入《い》れようと思《おも》いました。

そうして2年間《ねんかん》、僕《ぼく》は母《はは》に手紙《てがみ》を出《だ》しつづけました。

母《はは》からの返事《へんじ》は、ありませんでした。

このころの僕《ぼく》は20代《だい》の、ほんの若輩者《じゃくはいもの》でした。

だからまだ、人生《じんせい》はけっこうクルクル変《か》わっていくものなのだということが、ちゃんとイメージできていませんでした。

ずっとこのまま、母《はは》への手紙《てがみ》を書《か》きながら生《い》きていく日々《ひび》がつづくんじゃないかと、ぼんやりそう思《おも》っていたんですね。

「それならそれでいいかな」なんて考《かんが》えていたんです。

「僕《ぼく》にはキミツや大将《たいしょう》やかなちゃんがいて、彼《かれ》らがいるかぎり僕《ぼく》は孤独《こどく》じゃないし」って。

彼《かれ》らとすごす時間《じかん》は、波間《なみま》の光《ひかり》のように、キラキラ輝《かがや》いていましたから。

でも、人生《じんせい》には変化《へんか》が訪《おとず》れます。

いいときにも、悪《わる》いときにも、そのうちかならず変化《へんか》は訪《おとず》れます。

そのままでいられるものなんて、ほとんどないんです。

キラキラした波間《なみま》の光《ひかり》は、決《けっ》して手《て》の中《なか》にとどめることはできません。

人生《じんせい》が変化《へんか》していくことに、抗《あらが》うことはできないんです。

去《さ》っていくものに手《て》をふりながら、訪《おとず》れるなじみのない新《あたら》しい日々《ひび》を受《う》け入《い》れていくしかありません。

しかたがないのです。時間《じかん》はすべてを変《か》えていくんですから。

今《いま》まであったものがなくなって、なかったものがあらわれる。

それが、時間《じかん》なんです。

そして、命《いのち》とは時間《じかん》そのものなんです。


母《はは》に手紙《てがみ》を出《だ》すようになってから、2年《ねん》がすぎたころのことです。

大将《たいしょう》とかなちゃんが、ついに結婚《けっこん》しました。

うわーという感《かん》じで僕《ぼく》は、祝福《しゅくふく》モード全開《ぜんかい》だったんですが、それにつづく大将《たいしょう》の言葉《ことば》はショックでした。

「じつは地方《ちほう》に転勤《てんきん》することになったんだ」

いくなと言《い》うわけにもいかず、「遊《あそ》びにいくね」と答《こた》えましたが、今《いま》までのような週末《しゅうまつ》はもうこなくなると思《おも》い、喪失感《そうしつかん》からは逃《のが》れることができませんでした。

やがて、大将《たいしょう》とかなちゃんの結婚式《けっこんしき》があり、そのあと2人《ふたり》は地方《ちほう》に引《ひ》っ越《こ》していきました。

キミツはミュージカル俳優《はいゆう》として、全国《ぜんこく》を公演《こうえん》してめぐっていました。

さびしかったけれど、ひとりの週末《しゅうまつ》を受《う》け入《い》れるよりほかはありません。

僕《ぼく》はまた、本《ほん》を読《よ》んだり映画《えいが》を観《み》たり、読《よ》んでもらえているのかどうかもわからない、母《はは》への手紙《てがみ》を書《か》いたりしながら、ひとりですごす時間《じかん》が多《おお》くなりました。

このままこんな人生《じんせい》がつづいていくのかなと、またもや僕《ぼく》は思《おも》っていたんですが、やはり変化《へんか》はやってきます。

しばらくすると、想定《そうてい》できなかった事態《じたい》が訪《おとず》れました。

まさかと思《おも》ったんですが、母《はは》から電話《でんわ》がかかってきたんです。

食事中《しょくじちゅう》にベルが鳴《な》って、「はい、もしもし」と普通《ふつう》にとった受話器《じゅわき》から、母《はは》の声《こえ》が聞《き》こえてきたとき、一瞬《いっしゅん》、体《からだ》が凍《こお》りました。

何年《なんねん》かぶりに聞《き》いた、母《はは》の声《こえ》です。母《はは》は、泣《な》いていました。

話《はなし》を聞《き》いてみると、僕《ぼく》が家《いえ》を出《で》てから母《はは》は再婚《さいこん》し、その再婚相手《さいこんあいて》ががんで亡《な》くなったとのことでした。

僕《ぼく》は、母《はは》が歴代《れきだい》の同棲相手《どうせいあいて》と、すさまじいケンカをくりかえしていたのを思《おも》いだして、「とう死人《しにん》まで出《だ》したか」と思《おも》ったんですが、もちろん言《い》いませんでした。

「こっちがいくら手紙《てがみ》を出《だ》しても、なしのつぶてだったのに、自分《じぶん》が悲《かな》しいときには電話《でんわ》してくるんだね」みたいな、うらみ節的《ぶしてき》な気持《きも》ちもわきあがってきてしまったんですが、それも胸《むね》にしまいました。

「亡《な》くなった再婚相手《さいこんあいて》の葬儀《そうぎ》に参列《さんれつ》してほしい」と、母《はは》は言《い》いました。

僕《ぼく》の姉《あね》はアメリカに移住《いじゅう》していて、帰国《きこく》できないのだとか。

喪服《もふく》を着《き》て、通夜《つや》の会場《かいじょう》にいくと母《はは》は、

「あそこにすわって」

と、親族席《しんぞくせき》を指《ゆび》さしました。

母《はは》は、想像《そうぞう》していたよりも年《とし》をとっていて、記憶《きおく》の中《なか》の母《はは》より、だいぶ小《ちい》さかった。

けれど、まだ美《うつく》しかったのでした。

それらのひとつひとつに、僕《ぼく》はふがいなくもとまどってしまい、聞《き》けませんでした。

この葬儀《そうぎ》に僕《ぼく》を呼《よ》んだのは、僕《ぼく》に会《あ》いたかったからなのか、それとも息子《むすこ》が参列《さんれつ》していないと親戚《しんせき》の手前《てまえ》、カッコつかないからなのか。

通夜《つや》が終《お》わると、僕《ぼく》は母《はは》の住《す》む家《いえ》に荷物《にもつ》を運《はこ》んであげました。

母《はは》の家《いえ》にあがると、ものすごい数《かず》のフォトフレームが居間《いま》に飾《かざ》られているのに驚《おどろ》いたんです。

ぜんぶ、生前《せいぜん》の夫《おっと》と写《うつ》った写真《しゃしん》でした。

パリのエッフェル塔《とう》の前《まえ》で撮《と》った写真《しゃしん》、ニューヨークの自由《じゆう》の女神《めがみ》の前《まえ》で撮《と》った写真《しゃしん》、アテネのパルテノン神殿《しんでん》の前《まえ》で撮《と》った写真《しゃしん》。

母《はは》は夫《おっと》と、世界中《せかいじゅう》あちこちを旅《たび》していたのでした。

母《はは》は不動産《ふどうさん》ブローカーをしていた夫《おっと》との暮《く》らしが、いかに裕福《ゆうふく》で幸《しあわ》せなものだったかを、僕《ぼく》に語《かた》りました。

そして、夫《おっと》の仕事《しごと》の実務《じつむ》は、ほとんど自分《じぶん》がやっていたので、夫《おっと》が亡《な》くなっても年《ねん》に数千万円《すうせんまんえん》稼《かせ》ぐことなど、かんたんだと言《い》ったのでした。

僕《ぼく》が黙《だま》って、じっと聞《き》いていると、おもむろに母《はは》は、僕《ぼく》を産《う》む前後《ぜんご》のころのことを話《はな》しはじめました。

「私《わたし》は、子《こ》どもは2人《ふたり》もいらなかった」と言《い》ったんです。僕《ぼく》が生《う》まれる前《まえ》、母《はは》はとてもつかれていたそうです。家事《かじ》に、父《ちち》の工場《こうじょう》の事務《じむ》、まだ小《ちい》さかった姉《あね》の世話《せわ》、姑《しゅうとめ》の世話《せわ》、工場《こうじょう》の従業員《じゅうぎょういん》たちのめんどうなど、目《め》がまわるようないそがしさの中《なか》で、もうひとり子《こ》どもを産《う》むなんて、とてもとてもむりだと思《おも》ったと。

でも周囲《しゅうい》からは「跡継《あとつ》ぎを産《う》まないのか」とプレッシャーをかけられ、僕《ぼく》を妊娠《にんしん》すると、今度《こんど》は、父《ちち》に女《おんな》の影《かげ》がちらつきはじめたということでした。

「つらかった」母《はは》は、そう言《い》いました。

自分《じぶん》は道具《どうぐ》じゃないと思《おも》い、おなかの中《なか》にいる僕《ぼく》を中絶《ちゅうぜつ》しようかと本気《ほんき》で考《かんが》えたと、母《はは》は僕《ぼく》にそう話《はな》したのでした。

「もう遅《おそ》いから帰《かえ》るね」

そう言《い》って母《はは》の家《いえ》を出《で》て、僕《ぼく》は駅《えき》にむかいました。

駅《えき》までの道《みち》の途中《とちゅう》には、隅田川《すみだがわ》をわたる橋《はし》があります。

しばらくこの川《かわ》をながめていたいと思《おも》った僕《ぼく》は、橋《はし》の上《うえ》で夜《よる》の川《かわ》を見《み》つめながら、たたずんでいました。

川《かわ》の両岸《りょうぎし》には、高層《こうそう》ビルが建《た》ちならび、夜《や》景《けい》がきれいでした。

母《はは》の話《はなし》には、同情《どうじょう》できる点《てん》がたくさんありました。かなり大変《たいへん》な毎日《まいにち》の中《なか》で、僕《ぼく》を産《う》んでくれたのでしょう。嫁《よめ》が多《おお》くの負担《ふたん》を強《し》いられるのが、母《はは》の生《い》きた時代《じだい》だったのです。

当時《とうじ》の日本《にっぽん》は、嫁《よめ》の犠牲《ぎせい》の上《うえ》に成《な》りたっていたといっても、過言《かごん》ではありません。女性《じょせい》が生《い》き方《かた》を選《えら》べないという問題《もんだい》が、見《み》すごされていた社会《しゃかい》でした。そんな中《なか》で、母《はは》が大変《たいへん》な苦労《くろう》をしたことはたしかです。

母《はは》が感《かん》じたストレスも、労働《ろうどう》によるつかれ

も、そんな中《なか》で母《はは》を裏切《うらぎ》った父《ちち》に対《たい》する怒《いか》りも、そうとうなものだったろうと思《おも》いました。

でも、だからといって、僕《ぼく》にあんな暴力《ぼうりょく》をふるっていいということにはなりません。

親《おや》に殺《ころ》されるのではないかという恐怖《きょうふ》を抱《いだ》きながら毎日《まいにち》を生《い》きるような、そんな目《め》に遭《あ》わせていいはずがありません。

だいいち、「あんたはいらなかった、産《う》みたくなかった」などと、我《わ》が子《こ》に言《い》っていいはずがないと思《おも》いました。

「もう、母《かあ》さんに手紙《てがみ》を送《おく》るのはやめよう。そして、もう二度《にど》と会《あ》わない」

僕《ぼく》は、そう思《おも》いました。

怒《いか》りにまかせてではなく、それがいちばんいいのだと思《おも》えたのです。

「あんな話《はなし》を僕《ぼく》にするからには、僕《ぼく》のことがよっぽど嫌《きら》いなんだろう。いらないってはっきり言《い》われたんだから、もう近《ちか》づくのはやめよう」

静《しず》かな気持《きも》ちで、僕《ぼく》は母《はは》との訣別《けつべつ》を決意《けつい》したんです。

「さようなら、母《かあ》さん。僕《ぼく》は次《つぎ》の幕《まく》をあげることにするよ」

心《こころ》の中《なか》でそうつぶやきながら、僕《ぼく》は橋《はし》をわたって帰《かえ》っていきました。

22 ブーメランのように

母《はは》との訣別《けつべつ》を心《こころ》に決《き》めた僕《ぼく》は、母《はは》に手紙《てがみ》を書《か》くかわりに、小説《しょうせつ》を書《か》きはじめました。

学生《がくせい》だったころは舞台《ぶたい》の脚本《きゃくほん》をたくさん書《か》きましたが、社会人《しゃかいじん》になってからは資料《しりょう》やレポートを書《か》いたり手紙《てがみ》を書《か》いたりするばかりで、物語《ものがたり》を書《か》くのは本当《ほんとう》にひさしぶりでした。

のめりこむように書《か》く自分《じぶん》に、

「僕《ぼく》って書《か》いている間《あいだ》はものすごく夢中《むちゅう》になってしまうなぁ」

と、改《あらた》めて思《おも》ったんです。

「僕《ぼく》にとって、書《か》くってなんだろう」

小説《しょうせつ》を書《か》きながら、僕《ぼく》はしきりに考《かんが》えていました。

子《こ》どものころ、工場《こうじょう》に豊富《ほうふ》にあった紙《かみ》に、毎日《まいにち》お話《はなし》を書《か》きつづけていました。

それがいちばん好《す》きな遊《あそ》びでした。

ばあちゃんや工場《こうじょう》の人《ひと》にそれを見《み》てもらうのが、なによりも楽《たの》しかったんです。

施設《しせつ》に入《はい》ったときは、母《はは》やばあちゃんに手紙《てがみ》を書《か》いている時間《じかん》がいちばん楽《たの》しい時間《じかん》でした。

暗黒《あんこく》の10代《だい》のころ、ノートに物語《ものがたり》や随筆《ずいひつ》をいつもいつも書《か》いていました。

苦《くる》しい思《おも》いを紙《かみ》に吐《は》きだしていたんです。

いつかだれかに、僕《ぼく》の心《こころ》のうちにあるものを読《よ》んでほしかった。

理解《りかい》してほしかった。

それが、ささやかだけれど唯一《ゆいいつ》の希望《きぼう》だったんです。

いまにして思《おも》えば、僕《ぼく》はなにかを書《か》くときにはかならず、心《こころ》になにかしらの希望《きぼう》を抱《いだ》いていました。

だれかがおもしろがってくれたり、納得《なっとく》してくれたり、思《おも》いが伝《つた》わったりすることに、生《い》きることへの希望《きぼう》を感《かん》じるんです。

希望《きぼう》を求《もと》める気持《きも》ちが、僕《ぼく》を机《つくえ》にむかわせるんですね。

僕《ぼく》はこれまで何度《なんど》も何度《なんど》も、書《か》くことを投《な》げだしました。

ずっとなにも書《か》かない時期《じき》だって、いっぱいあったんです。

それでも、いくらほうりだしても、「書《か》くこと」はブーメランのように、僕《ぼく》のもとにもどってきました。

挫折《ざせつ》したり絶望《ぜつぼう》したり、生活《せいかつ》が苦《くる》しくなったりしたこともありましたが、なにかを書《か》いてさえいれば、僕《ぼく》は希望《きぼう》を失《うしな》わずにすみました。

「書《か》くことは、僕《ぼく》にとって希望《きぼう》そのものだ」

僕《ぼく》は、本気《ほんき》でそう思《おも》いました。

ナチスの収容所《しゅうようじょ》で、多《おお》くの人《ひと》が虐殺《ぎゃくさつ》される中《なか》を生《い》きのびたユダヤ人《じん》の本《ほん》には、「どうして私《わたし》が生《い》きのびることができたのか。それは、希望《きぼう》を失《うしな》わなかったからだ」と、書《か》かれていました。

絶望《ぜつぼう》して自身《じしん》の不幸《ふこう》を嘆《なげ》いてばかりいた人《ひと》は、極寒《ごっかん》や飢《う》えや病《やまい》や虐待《ぎゃくたい》に負《ま》けて、みんな死《し》んでしまったそうです。

その本《ほん》には、希望《きぼう》についてたくさんのことが書《か》いてありました。

その本《ほん》を書《か》いた人《ひと》は、書《か》きかけだった研究論文《けんきゅうろんぶん》を書《か》きあげることこそが希望《きぼう》だったそうです。

彼《かれ》は、「人《ひと》は希望《きぼう》さえあれば死《し》の瞬間《しゅんかん》まで輝《かがや》いて生《い》きていける」と書《か》いていました。

「僕《ぼく》は、書《か》いてさえいれば輝《かがや》いて生《い》きていけるのだろう」

その本《ほん》を読《よ》んで、なんだかそう思《おも》えました。

「書《か》く力《ちから》」は逃《に》げていったりしません。

生《い》きているかぎり、「書《か》く力《ちから》」を奪《うば》われることはありません。

希望《きぼう》が見《み》えなくなってしまうような絶望感《ぜつぼうかん》に見舞《みま》われても、いつかまた、「書《か》くこと」が希望《きぼう》の前《まえ》に僕《ぼく》を連《つ》れていってくれるのだろうと考《かんが》えたんです。

心《こころ》ぼそく揺《ゆ》らぎながら生《い》きている自分《じぶん》を、「書《か》くこと」が希望《きぼう》の光《ひかり》の前《まえ》に運《はこ》んでくれるって。


母《はは》に手紙《てがみ》を書《か》くかわりに書《か》きはじめた小説《しょうせつ》を、僕《ぼく》は何作《なんさく》か完成《かんせい》させました。

読《よ》んでくれたのは、親友《しんゆう》のキミツだけでした。

「うたちゃんらしい安《やす》っぽさがおもしろい！」

と毒《どく》を吐《は》くむかつく読者《どくしゃ》でしたが、この世《よ》でたったひとりのファンでした。

「大将《たいしょう》には読《よ》ませないの？」と、キミツに聞《き》かれたんですが、「恥《は》ずかしいからイヤだよ」と、僕《ぼく》は答《こた》えました。

「大将《たいしょう》に読《よ》んでもらうなんて、お父《とう》ちゃんに読《よ》んでもらうようなもんじゃん。お父《とう》ちゃんなんて、いちばん読《よ》まれたくない人《ひと》でしょ」

キミツには、僕《ぼく》が小説《しょうせつ》を書《か》いていることも大将《たいしょう》には秘密《ひみつ》にしてくれって言《い》ったんです。

ほどなくして、かなちゃんが出産《しゅっさん》のために、実家《じっか》のある東京《とうきょう》に里帰《さとがえ》りしてきました。

かなちゃんのおなかが、スイカみたいに膨《ふく》らんでいるのが不思議《ふしぎ》で、

「さわってごらん」

と笑顔《えがお》で言《い》う、かなちゃんのおなかに、僕《ぼく》はしきりにさわっていました。

「おなかの中《なか》に赤《あか》ちゃんがいるって、どんな感《かん》じ？」

かなちゃんにそう聞《き》くと、かなちゃんはホラーな表情《ひょうじょう》をうかべて、

「おなかの中《なか》にエイリアンがいる感《かん》じ」

と答《こた》えました。

「うわぁ、エイリアンかぁ」

そう言《い》って絶句《ぜっく》するしかなくなった僕《ぼく》を見《み》て、かなちゃんはおかしそうに笑《わら》って言《い》いました。

「でもね、そのエイリアンが健康《けんこう》に生《う》まれますようにって、それしか考《かんが》えなくなるんだよ。10カ月《げつ》、それだけを考《かんが》えるの。どんなお母《かあ》さんだって、それは同《おな》じだと思《おも》うよ」

「10カ月《げつ》って、けっこう長《なが》いな」

僕《ぼく》は、そう思《おも》いました。

どんなお母《かあ》さんだってそれは同《おな》じだと、かなちゃんは言《い》いました。

だとしたら、僕《ぼく》の母《はは》も、少《すく》なくとも僕《ぼく》がおなかの中《なか》にいた間《あいだ》は、僕《ぼく》のことだけを考《かんが》えていてくれたのかもしれません。

僕《ぼく》も小《ちい》さいころは、母《はは》がいちばん大切《たいせつ》な人《ひと》でした。

母《はは》にも僕《ぼく》にも、おたがいがいちばん大切《たいせつ》な人《ひと》だった時期《じき》があったということになります。

今《いま》はもう、おたがいをいちばん大切《たいせつ》な人《ひと》だと思《おも》うことは、二度《にど》とない。

でも過去《かこ》には、母《はは》が僕《ぼく》をいちばんに思《おも》っていた時期《じき》があった。

少《すく》なくとも、僕《ぼく》がおなかの中《なか》にいる間《あいだ》は。

そんなことを考《かんが》えているうちに、

「うたちゃん！」

と言《い》いながら、大将《たいしょう》が扉《とびら》を開《あ》けて入《はい》ってきました。

かなちゃんが里帰《さとがえ》りしている間《あいだ》、週末《しゅうまつ》だけ地方《ちほう》からもどってきていたのです。

「うたちゃんの小説《しょうせつ》、すごくよかったよ、グッときた！」

大将《たいしょう》がそう言《い》うので、僕《ぼく》は心《こころ》の底《そこ》からびっくりしました。

「なんで大将《たいしょう》が読《よ》んでるの！」

キミツは僕《ぼく》の小説《しょうせつ》をコピーして、地方《ちほう》に住《す》む大将《たいしょう》に送《おく》っていたんです。

悪魔《あくま》の所業《しょぎょう》です。

今度《こんど》会《あ》ったらジャンピング・ニーパッドを入《い》れてやると心《こころ》に誓《ちか》いました。

動揺《どうよう》する僕《ぼく》に、大将《たいしょう》はさらに無茶《むちゃ》ぶりをかましてきました。

「うたちゃん、文芸誌《ぶんげいし》の新人賞《しんじんしょう》に応募《おうぼ》しろよ、イケるって、絶対《ぜったい》」

なんてことを言《い》うんでしょう。

そんなの、とてもじゃないけど自信《じしん》がありません。

「落《お》ちるって！　1次審査《じしんさ》で100％落《お》ちるよ。応募《おうぼ》するなんて、やだ」

書《か》くことは、唯一《ゆいいつ》の心《こころ》のよりどころでした。

書《か》くことに関《かん》して、がっかりするようなことはなにひとつしたくなかったんです。

しかし、体育会系《たいいくかいけい》でマッチョでドSな大将《たいしょう》は、そんなビビリ発言《はつげん》を一切《いっさい》ゆるしてくれませんでした。

「ならん、応募《おうぼ》しろっ」

大将《たいしょう》にこう言《い》われてしまっては、僕《ぼく》は逆《さか》らうことはできません。

だって、大好《だいす》きですから。

おそるおそる、メジャーな文芸誌《ぶんげいし》の新人賞《しんじんしょう》に小説《しょうせつ》を送《おく》って応募《おうぼ》しました。

すると、どうでしょう。

1次審査《じしんさ》、2次審査《じしんさ》を通過《つうか》して、いよいよ現役《げんえき》の作家《さっか》に審査《しんさ》されることになったんです。

聞《き》けば、だれもが名前《なまえ》を知《し》っている、有名作家《ゆうめいさっか》たちです。

「うたちゃんの安《やす》っぽさがウケたんだよ」

キミツが大喜《おおよろこ》びして言《い》いました。

安《やす》っぽくてもバカっぽくてもなんでもいいから、入賞《にゅうしょう》できるものならしたいと、興奮《こうふん》した僕《ぼく》はそう思《おも》いました。

23
母《はは》からのSOS

臆病《おくびょう》な心《こころ》を奮《ふる》いおこして応募《おうぼ》した小説《しょうせつ》の審査《しんさ》を待《ま》っている間《あいだ》のことでした。

またもや、母《はは》から電話《でんわ》がかかってきたんです。

なんの用《よう》かと思《おも》って聞《き》いてみたら、

「睡眠薬《すいみんやく》を買《か》って送《おく》ってくれ」

と母《はは》は言《い》ったのでした。

「それは病院《びょういん》で処方《しょほう》してもらわないとダメだよ」

僕《ぼく》はちょっとうろたえて、それでもちゃんとしたことを言《い》わなければと思《おも》ってそう言《い》ったんですが、母《はは》はキレ気味《ぎみ》に「じゃあいいッ」と言《い》って、電話《でんわ》をガチャンと切《き》りました。

「なんなんだ、こいつはッ」

と、頭《あたま》に血《ち》がのぼりましたが、まぁ、再婚相手《さいこんあいて》が亡《な》くなってからひとりっきりなのだろうし、ほうっておくのも後味《あとあじ》が悪《わる》いと思《おも》って、ドラッグストアでかるい睡眠導入剤《すいみんどうにゅうざい》を買《か》って送《おく》りました。一応《いちおう》、とぼしい息子《むすこ》マインドみたいなものをしぼり出《だ》して、

「オレンジとかいっしょに入《い》れたら食《く》うかな、漬け物《つけもの》はどうかな」

などといろいろ考《かんが》えて、ちょっとしたものをいくつか同梱《どうこん》して送《おく》りました。

数日後《すうじつご》、再《ふたた》び母《はは》から電話《でんわ》がありました。

お礼《れい》のひとつでも言《い》ってくれるのかと思《おも》いきや、

「おまえの送《おく》ってきたクスリはぜんぜん効《き》かなかった、おまえなんか、なんの役《やく》にもたたない」

と、僕《ぼく》を責《せ》めたてます。

鬼《おに》は地獄《じごく》へ帰《かえ》れと思《おも》いました。

でも、なんと言《い》ったらいいかわかりませんが、なんだか母《はは》の様子《ようす》がおかしいことに気《き》がついたんです。

すごく不安定《ふあんてい》な感《かん》じがしたし、言《い》っていることも、ちょっと支離滅裂《しりめつれつ》な気《き》がして。

なにか、精神的《せいしんてき》に追《お》いつめられている気配《けはい》を感《かん》じたんです。

でも僕《ぼく》は、「知《し》るかよ」って、「僕《ぼく》にあそこまでのことをしておいて、いまさらなにかケア的《てき》なことをしてもらえると思《おも》うなよ」って、ぶっちゃけ思《おも》ったんですね。

そんな僕《ぼく》に忠告《ちゅうこく》したのは、悪魔《あくま》キャラのキミツでした。

「お母《かあ》さんに会《あ》いにいくべきだよ。いつか後悔《こうかい》するかもしれないし、やれるべきことはやっておいたほうがいいんじゃない？」

キミツは、冷静《れいせい》にそう言《い》いました。

「後悔《こうかい》なんか、だれがするかッ」

僕《ぼく》は興奮《こうふん》して吼《ほ》えてしまいました。

「あの人《ひと》は、僕《ぼく》の自信《じしん》も自尊心《じそんしん》も、生《い》きてていいんだという気持《きも》ちまでもを、ぐちゃぐちゃに踏《ふ》みつぶした。人間《にんげん》として生《い》きていくためになくてはならないものを、ぜんぶたたきつぶしてきた。僕《ぼく》だって、もっと明《あか》るく生《い》きてきたかったのに、普通《ふつう》に生《い》きてきたかったのに、背負《せお》いたくない痛《いた》みを背負《せお》わされて生《い》きてきたんだ。あの人《ひと》がピンチになったからって、どうして僕《ぼく》が助《たす》けなきゃならないんだよ。どうなったっていい、あんなやつ！」

キミツは僕《ぼく》が言《い》い終《お》わるまでじっと耳《みみ》をかたむけ、僕《ぼく》の興奮《こうふん》がおさまってきたときに、おもむろに言《い》いました。

「それじゃ、うたちゃんは家族《かぞく》に関《かん》して、いいイメージがなにひとつないまま生《い》きていくんだね。家族《かぞく》の絆《きずな》とか、そんなものがわからないまま小説《しょうせつ》書《か》いていくんだね。ステキな作家《さっか》だよね、そんな作家《さっか》。キャッチフレーズが２つになっちゃうね。日本一《にっぽんいち》安《やす》っぽい作家《さっか》、そして、日本一《にっぽんいち》家族《かぞく》に縁《えん》がない作家《さっか》」

いつも、キミツには口《くち》では勝《か》てません。

もう、どっちが正《ただ》しいとかまちがってるとかはどうでもよくなって、ただただキミツに勝《か》ちたい気持《きも》ちで、僕《ぼく》はますます声《こえ》を荒《あら》らげました。

「母《かあ》さんに会《あ》ってどうするのさ、母《かあ》さんを理解《りかい》してやれって言《い》うのかよ。ムリムリ、そんなの絶《ぜっ》対《たい》、ムリだから。だいたい、なんでこっちから理解《りかい》してやんなきゃならないの？　あっちは親《おや》で、こっちは子《こ》どもなんだよ」

「理解《りかい》っていうのはね」キミツは、僕《ぼく》の目《め》を見《み》すえて言《い》いました。

「理解《りかい》っていうのはね、気《き》づいたほうからするものなんだよ。理解《りかい》が必要《ひつよう》だって気《き》づいたほうかららするものなの。そうじゃなかったら、理解《りかい》しあうなんて永遠《えいえん》にむりじゃん」

二《に》の句《く》が継《つ》げなくなっている僕《ぼく》に、キミツはさらに言《い》いました。

「っていうかね、理解《りかい》する力《ちから》があるほうが、先《さき》に気《き》づくの」

僕《ぼく》はしばらく、黙《だま》って考《かんが》えてしまいました。

理解《りかい》って、なんだろう。

まだ母《はは》と暮《く》らしていた小《ちい》さいころの記憶《きおく》を、僕《ぼく》はたぐりよせて考《かんが》えました。

母《はは》は僕《ぼく》に対《たい》して、愛情《あいじょう》がこれっぽっちもなかったかといえば、そんなことはなかったと思《おも》います。

愛情《あいじょう》たっぷりとはいえなかったかもしれないけれど、まったくゼロなわけではなかった。

そして、僕《ぼく》はといえば、母《はは》に対《たい》して、あふれるような愛情《あいじょう》を持《も》っていました。

子《こ》どもだったら、たいていはそうだと思《おも》うんです。

でも、おたがい、相手《あいて》に対《たい》して理解《りかい》があったかと聞《き》かれたら、それはほとんどなかったんじゃないかと思《おも》えました。

親子《おやこ》の間《あいだ》には、というか、人《ひと》と人《ひと》との間《あいだ》には、時《とき》として愛情《あいじょう》よりも理解《りかい》のほうが大切《たいせつ》だったりするときがあります。

愛情《あいじょう》があっても理解《りかい》がなかったら、ただ気持《きも》ちを押《お》しつけあうだけになってしまうこともありますから。

愛情《あいじょう》って、すごく甘《あま》い味《あじ》がすると思《おも》うんです。

だれかを愛《あい》するときは、うっとりするほど気持《きも》ちいい。

一方《いっぽう》、理解《りかい》は甘《あま》いばっかりじゃありません。

人間《にんげん》にはしょっぱい部分《ぶぶん》も苦《にが》い部分《ぶぶん》もあるのですから、理解《りかい》しようとすればするほどしょっぱかったり苦《にが》かったりするのはとうぜんです。

しょっぱさや苦《にが》さを味《あじ》わってこそ、理解《りかい》なのです。

人《ひと》は、甘《あま》いものだけでおなかいっぱいにしていればいいのでしょうか。

そうじゃありませんよね。

愛情《あいじょう》は、すぐにあるのかないのかわからなくなってしまう、うつろいやすいものです。

でも、理解《りかい》したものが見《み》えなくなることはありません。

理解《りかい》は、見《み》えなくなった愛情《あいじょう》を照《て》らしだしてくれる、サーチライトです。

でも、僕《ぼく》と母《はは》は、キミツ親子《おやこ》のように、なかよしじゃありません。

腹《はら》を割《わ》って話《はな》しあうなんてことが、できない関係《かんけい》です。

「親子《おやこ》なのになぜ？」と思《おも》う人《ひと》もいるかもしれませんが、愛憎《あいぞう》がうず巻《ま》く親子《おやこ》から言《い》わせれば、親子《おやこ》だからできないのです。

理解《りかい》するにしてもどうしたらいいのか、方法《ほうほう》がわかりませんでした。

「母《はは》のことをよく知《し》っている人《ひと》に、母《はは》のことを聞《き》いてみるのはどうだろう」

そう思《おも》いついた僕《ぼく》は、母《はは》の実家《じっか》がある北関東《きたかんとう》にむかったのです。

24 母《はは》を理解《りかい》しようとしてみる

母《はは》がどんな子《こ》ども時代《じだい》をすごしたのか、僕《ぼく》は知《し》りませんでした。

母《はは》はきっと、だれにも話《はな》したくなかったのだと思《おも》います。

僕《ぼく》は母《はは》の妹《いもうと》、つまり叔母《おば》をたずねました。

母《はは》を理解《りかい》するために、とりあえずリサーチすることにしたのです。

もし、おもしろそうな話《はなし》だったら、小説《しょうせつ》のネタになるかもとも思《おも》ったんですね。

「子《こ》どものころ？　そりゃあもう、戦争《せんそう》みたいだったよ」

叔母《おば》は、僕《ぼく》にそう言《い》いました。

その叔母《おば》と母《はは》は、年《とし》の近《ちか》い姉妹《しまい》で、母《はは》が大人《おとな》になってからも、よく顔《かお》をあわせていた兄弟姉妹《きょうだいしまい》は、唯一《ゆいいつ》、その叔母《おば》だけだったんです。

「そのころは、まだ日本《にっぽん》がものすごく貧乏《びんぼう》な時代《じだい》だったでしょ。しかも、あんたのおばあさんは離婚《りこん》して女手《おんなで》ひとつで子《こ》ども8人《にん》を育《そだ》ててたのよ。お金《かね》がなくて、なくてさ」

肉体労働《にくたいろうどう》をしながら、おおぜいの子《こ》どもを育《そだ》てた祖母《そぼ》は、子《こ》どもたちをよく殴《なぐ》ったそうです。子《こ》どもの話《はなし》を聞《き》くような人《ひと》じゃなくて、とにかく殴《なぐ》る人《ひと》だった。

ひとり親《おや》では、ちゃんとした子《こ》どもは育《そだ》たないという偏見《へんけん》が、はびこっていた時代《じだい》だったので、近隣《きんりん》の人《ひと》たちから悪《わる》い評判《ひょうばん》がたたないように、祖母《そぼ》は、必要以上《ひつよういじょう》に厳《きび》しく子《こ》どもたちを育《そだ》てたとのことでした。

叔母《おば》の話《はなし》を聞《き》いていて、僕《ぼく》は、

「時代《じだい》のせいもあるのかもしれないけど、そんな子育《こそだ》てってアリなのかな。世間《せけん》の顔色《かおいろ》をうかがうより、子《こ》どもの表情《ひょうじょう》も見《み》てあげるのが親《おや》なんじゃないかな」

と思《おも》いました。

叔母《おば》は、兄弟姉妹《きょうだいしまい》の中《なか》でも末《すえ》っ子《こ》です。

3歳《さい》ちがいの母《はは》は、下《した》から3番目《ばんめ》の子《こ》でした。

2人《ふたり》とも、年上《としうえ》の兄《あに》や姉《あね》に、よくいじめられたそうです。

「とにかく食《た》べ物《もの》でもなんでも、とりあげられてさ。とりかえそうとすると、ぶたれて、蹴《け》られる毎日《まいにち》だったんだよ」

叔母《おば》は、その中《なか》で、母《はは》だけがはげしく抵抗《ていこう》したのだと言《い》いました。
「ぶたれたらやりかえしていたのが、あんたの母《かあ》さんだったね。お兄《にい》ちゃんの耳《みみ》に嚙《か》みついて、食《く》いちぎりそうになったこともあったんだよ。やりかえすもんだから、もっとひどくやられたの。いちばんやられてたんじゃないかね。よく泣《な》いてたよ」
やがて母《はは》は高校《こうこう》を卒業《そつぎょう》して就職《しゅうしょく》し、そこで父《ちち》と知《し》りあって、かけおち同然《どうぜん》で家《いえ》を飛《と》びだしたのだそうです。
そのとき母《はは》は、19歳《さい》でした。

若《わか》い母《はは》を待《ま》っていたのは、以前《いぜん》に母《はは》が僕《ぼく》に話《はな》したような、嫁《よめ》の背中《せなか》にあらゆる負担《ふたん》がのしかかる暮《く》らしでした。

「そんな中《なか》で、自分《じぶん》は生《い》きていていいんだという安心感《あんしんかん》はあったのだろうか」

そんな思《おも》いが、僕《ぼく》の胸《むね》をよぎりました。

ささやかな自信《じしん》や希望《きぼう》なんか、どこかでぺちゃんこにつぶされてきたんだろうなと思《おも》えました。

「母《かあ》さんも僕《ぼく》も、やっぱり同《おな》じようなものだったんだな」

暗黒《あんこく》だった子《こ》ども時代《じだい》の記憶《きおく》が、母《はは》を理解《りかい》する手助《てだす》けをしてくれているような気《き》がしました。

僕《ぼく》が不安《ふあん》でしかたなかったように、母《はは》も不安《ふあん》で毎日《まいにち》がつらかったのでしょう。

母《はは》の脳内《のうない》でも、

「おまえなんかいなくていい」

という声《こえ》が鳴《な》り響《ひび》いていたのかもしれません。

不安《ふあん》だったから、母《はは》はあの美貌《びぼう》を手《て》に入《い》れなくてはならなかった。

あのカリスマ性《せい》も、身《み》につけずにはいられなかったのかもしれません。

身《み》を守《まも》るために。

25

もう一度《いちど》、母《はは》とむきあおう

隅田川《すみだがわ》は、僕《ぼく》が生《う》まれ育《そだ》った家《いえ》の近《ちか》くを流《なが》れる川《かわ》であり、父母《ふぼ》が離婚《りこん》したあとに、母《はは》と移《うつ》り住《す》んだ家《いえ》のそばを流《なが》れる川《かわ》でもあります。

東京《とうきょう》にきてから母《はは》はずっと、この川《かわ》のそばで生《い》きてきたのです。

僕《ぼく》は家《いえ》を出《で》て、この川《かわ》から遠《とお》ざかって生《い》きてきました。

でも、子《こ》どものころの記憶《きおく》のかたすみには、いつもこの隅田川《すみだがわ》が流《なが》れています。

僕《ぼく》は再《ふたた》び母《はは》に会《あ》いにいきました。

母《はは》に背《せ》をむけることは、今《いま》じゃなくてもできる。

でも、母《はは》とむきあうのは、今《いま》じゃなければできないと思《おも》ったんです。

母《はは》と僕《ぼく》は、親子《おやこ》という橋《はし》をわたれませんでした。

橋《はし》から川《かわ》に落《お》ちて流《なが》されたら、二度《にど》と橋《はし》にあがることはできません。

これ以上流《いじょうなが》されまいと思《おも》ったら、はいあがれそうな岸《きし》になんとかたどり着《つ》くしかありません。
母《はは》に泳《およ》ぐ力《ちから》がないのなら、僕《ぼく》が泳《およ》がなくてはなりません。

母《はは》から逃《に》げることはできても、記憶《きおく》から逃《に》げることはできなかった。
体《からだ》の傷《きず》が消《き》えないように、心《こころ》の傷《きず》もなかったことにはできなかった。
ならば、傷《きず》がぜんぶ誇《ほこ》りに変《か》わるような新《あたら》しい記憶《きおく》を作《つく》るしかない。
それができたら、僕《ぼく》は変《か》われるのだろう。
堂々《どうどう》と、これが僕《ぼく》だって言《い》える自分《じぶん》に。
まっすぐに、あなたが好《す》きだって言《い》える自分《じぶん》に。
この世界中《せかいじゅう》に、痛《いた》みを抱《かか》える命《いのち》たちが無数《むすう》にある。
そんな命《いのち》たちに見《み》てほしい、僕《ぼく》の戦《たたか》いを。

ひさしぶりに会《あ》った母《はは》は、精神《せいしん》を病《や》んで、アルコールに溺《おぼ》れていました。

死《し》んだ目《め》をしていました。

美《うつく》しかった母《はは》は、もう、どこにもいなくなっていました。

こんな日《ひ》がくるなんて、子《こ》どものころにはまったく想像《そうぞう》もできなかった。

しばらく僕《ぼく》は、言葉《ことば》も出《で》ませんでした。

かつて母《はは》には取《と》り巻《ま》き連中《れんちゅう》がいっぱいいましたが、最近《さいきん》になってから、だれかがたずねてきたような形跡《けいせき》は、家《いえ》の中《なか》にまったくありません。

きっと、潮《しお》が引《ひ》くように、母《はは》から去《さ》っていったのでしょう。

「母《はは》がまた元気《げんき》になるまで、徹底的《てっていてき》によりそおう」

僕《ぼく》は、そう心《こころ》に決《き》めました。

まずは、母《はは》の健康状態《けんこうじょうたい》のチェックです。

引《ひ》き出《だ》しから処方薬《しょほうやく》の袋《ふくろ》を見《み》つけた僕《ぼく》は、病院《びょういん》をたずね、医師《いし》から母《はは》の状態《じょうたい》について話《はなし》を聞《き》きました。

母《はは》はうつ病《びょう》を患《わずら》っていて、さらに高血圧《こうけつあつ》によるさまざまな症状《しょうじょう》もあり、酒《さけ》はほどほどにひかえるようにと言《い》われました。

今《いま》のところ、重度《じゅうど》のアルコール依存《いそん》というほどでもないので、酒量《しゅりょう》をひかえれば問題《もんだい》ないとのことでした。

次《つぎ》に、母《はは》がほうりだしている仕事《しごと》のチェックです。

母《はは》は亡《な》くなった夫《おっと》の仕事《しごと》を引《ひ》きついで、不動産《ふどうさん》ブローカーの仕事《しごと》をしていました。

東京《とうきょう》だけではなく、関東全域《かんとうぜんいき》の家《いえ》や土地《とち》を販売《はんばい》していたんです。

調《しら》べてみると、母《はは》と連絡《れんらく》がとれなくなって困《こま》っている取引先《とりひきさき》がたくさんありました。

それぞれの取引先《とりひきさき》に「母《はは》は今《いま》、体調《たいちょう》をくずしておりまして」と事情《じじょう》を話《はな》しておわびし、待《ま》ってもらえるものは待《ま》ってくださいとお願《ねが》いしてまわりました。

自分《じぶん》の仕事《しごと》もあったので、大《おお》いそがしでした。

そんな間《あいだ》にも母《はは》は、「睡眠薬《すいみんやく》がほしい」「焼酎《しょうちゅう》が飲《の》みたい」と要求《ようきゅう》してきます。

大変《たいへん》なことに自《みずか》ら飛《と》びこんでしまったなぁという思《おも》いもありましたが、昔《むかし》、ばあちゃんが僕《ぼく》によりそってくれたようによりそうのだと、改《あらた》めて心《こころ》に誓《ちか》って乗《の》りきりました。

「酒《さけ》が飲《の》みたい」

と母《はは》がキレそうになると、よく、

「じゃあ、お医者《いしゃ》さんに電話《でんわ》して、飲《の》んでもいいか聞《き》いてあげるね」

と言《い》ってお茶《ちゃ》をいれていました。

しばらくがまんさせると落《お》ちついてきます。そこで、

「ごめんね、今週《こんしゅう》はがまんしようってお医者《いしゃ》さんが言《い》ってた。今日《きょう》は木曜《もくよう》だから、あと2日《ふつか》だけがまんしようか」

なんて言《い》ったりしていました。

おさない僕《ぼく》が作《つく》った絵本《えほん》をばあちゃんが「売《う》ってくるね」と袋《ふくろ》に入《い》れてくれたときのことを、ちょっと思《おも》いだしたりしていました。

そんなことをくりかえす毎日《まいにち》の中《なか》の、ある日《ひ》のことです。

母《はは》が「伊豆《いず》にある売《う》り家《や》の鍵《かぎ》をかけ忘《わす》れた。いって鍵《かぎ》をかけてきてほしい」と言《い》ってきました。

伊豆《いず》までは車《くるま》で3時間《じかん》ぐらいかかってしまいます。

しかたがないと思《おも》い、気合《きあ》いを入《い》れたドライブのつもりで伊豆《いず》にいくと、売《う》り家《や》の鍵《かぎ》はかかっていました。

母《はは》の妄想《もうそう》だったんです。

また別《べつ》の日《ひ》には「急《きゅう》にぐあいが悪《わる》くなって病院《びょういん》に入院《にゅういん》した」という電話《でんわ》をもらい、仕事《しごと》をほうりだして病院《びょういん》に駆《か》けつけると、入院《にゅういん》したというのはまったくの妄言《もうげん》でした。

さすがに、ムッときました。

「こんなことがずっとつづくのだろうか。まるで、ゴールのないマラソンをしているみたいだな」

やりきれない思《おも》いで胸《むね》がいっぱいになりました。

母《はは》が重荷《おもに》に思《おも》えてしかたがなかった。

そんなときは、大将《たいしょう》の言葉《ことば》を思《おも》いだしました。

「子《こ》どもが変《か》われば、親《おや》も絶対変《ぜったいか》わる」

僕《ぼく》はこの言葉《ことば》にぜんぶのチップを張《は》ったんだと、自分《じぶん》に言《い》い聞《き》かせました。

いつか、人生《じんせい》が変《か》わるときがやってくることを信《しん》じて。


そんな日々《ひび》をすごしながら、1年《ねん》、そして2年《ねん》の月日《つきひ》がたちました。

そのころになると、母《はは》と僕《ぼく》の力関係《ちからかんけい》が微妙《びみょう》に変化《へんか》してきていることに、ふと気《き》づきました。

母《はは》の健康管理《けんこうかんり》も、仕事《しごと》の取引《とりひき》の管理《かんり》も、大部分《だいぶぶん》は僕《ぼく》がやっていました。

僕《ぼく》なしではわからないことがどんどん増《ふ》えていったんです。

自然《しぜん》と、母《はは》は僕《ぼく》の言《い》うことを聞《き》かざるを得《え》なくなりました。

僕《ぼく》がイエスと言《い》わなければ、できないことが多《おお》くなっていきました。

「今日《きょう》はこれ以上《いじょう》、お酒《さけ》はダメ」

「物件《ぶっけん》に関《かん》しての問《と》いあわせがきてるけど、対応《たいおう》しなくていいの？」

「少《すこ》しはちゃんと、ごはんを食《た》べてください」

母《はは》はほとんどのことにおいて、僕《ぼく》に従《したが》わざるを得《え》なくなりました。

まるで、僕《ぼく》が親《おや》になったみたいでした。

やっぱり人生《じんせい》は変《か》わっていくんだなぁと、僕《ぼく》はしみじみ実感《じっかん》したんです。

10代《だい》のときが暗黒《あんこく》だろうと天国《てんごく》だろうと、だれもそのままではいられません。

10代《だい》のころに思《おも》い描《えが》いていたような人生《じんせい》を生《い》きる人《ひと》なんて、まれです。

ほんの10年《ねん》、20年《ねん》たてば、想像《そうぞう》もつかなかった景色《けしき》の中《なか》を歩《ある》くことになります。

おそろしかった親《おや》は年《とし》をとって、若《わか》い自分《じぶん》のほうが強《つよ》くなります。

10代《だい》のころは、そんな日《ひ》がくるなんて、とてもとても思《おも》えませんでしたが、それがやってきたんです。

26 母《かあ》さん、生《い》きてください

うつ病《びょう》を患《わずら》った母《はは》の精神状態《せいしんじょうたい》は一進一退《いっしんいったい》、まともになるときもあれば、とても不安定《ふあんてい》なときもありました。

心配《しんぱい》だったのは、なんとなく母《はは》には「生《い》きよう」「よくなろう」という気持《きも》ちがないように見《み》えたことです。ひかえめにするように医師《いし》から言《い》われていた酒《さけ》を、僕《ぼく》の目《め》を盗《ぬす》んで大量《たいりょう》に飲《の》んだりしたこともありました。

「まぁ、うつ病《びょう》なんだからしかたがない。気長《きなが》にやらないと」

なんて考《かんが》えていたんですが、母《はは》がここまで自暴自棄《じぼうじき》な状態《じょうたい》になってしまう理由《りゆう》を、僕《ぼく》はある日《ひ》とつぜん、衝撃的《しょうげきてき》なかたちで知《し》ることになりました。

「なんだ、これは」

母《はは》の家《いえ》に、食料品《しょくりょうひん》や日用品《にちようひん》を買《か》って運《はこ》びこもうとしたときのことです。

なにげなく郵便受《ゆうびんう》けに目《め》をやると、ピンクの封筒《ふうとう》が目《め》にとまりました。

封筒《ふうとう》には、赤《あか》い文字《もじ》で「督促状在中《とくそくじょうざいちゅう》」と書《か》いてあります。

これは、払《はら》うべきお金《かね》を滞納《たいのう》した人《ひと》を震《ふる》えあがらせる、「いいかげん金払《かねはら》え、でないと訴《うった》えるぞ」という通知《つうち》です。

びっくりして封《ふう》を開《あ》けて読《よ》んでみると、それはもう、すさまじい金額《きんがく》の請求《せいきゅう》でした。

不安《ふあん》のどん底《ぞこ》につき落《お》とされたような気持《きも》ちになった僕《ぼく》は、いてもたってもいられなくなり、母《はは》の書類棚《しょるいだな》をひっくりかえして、母《はは》にどれだけ借金《しゃっきん》があるのかを洗《あら》いだしてみました。

「ジーザス！」

なんと、借金《しゃっきん》は数億円《すうおくえん》にのぼっていました。

「どうするんだよ、どうするんだよ、こんな借金《しゃっきん》、死《し》んでもかえせないじゃん！」

僕《ぼく》はもう、パニック状態《じょうたい》です。

母《はは》の亡《な》くなった夫《おっと》が経営《けいえい》していた会社《かいしゃ》は、とっくに倒産《とうさん》していました。

このころの日本《にっぽん》は、戦後最大《せんごさいだい》といわれるぐらいの空前《くうぜん》の大不況《だいふきょう》に陥《おちい》っていて、事業《じぎょう》がたちゆかなくなった経営者《けいえいしゃ》や、リストラされたサラリーマンたちが、自殺《じさつ》していきました。

自殺者《じさつしゃ》が爆発的《ばくはつてき》に増《ふ》えたことが、連日《れんじつ》ニュースで伝《つた》えられていたような時期《じき》だったんです。

母《はは》の夫《おっと》は生前《せいぜん》、経営《けいえい》にいきづまり、必死《ひっし》にお金《かね》をかき集《あつ》めようと走《はし》りまわっていたようです。

その結果《けっか》、がんであることを知《し》るのが遅《おそ》くなり、倒《たお》れたときにはもう手遅《ておく》れでした。

そして夫《おっと》が個人《こじん》で借《か》りていたお金《かね》を、母《はは》がかえさねばならなくなっていたんです。

亡《な》くなった家族《かぞく》の借金《しゃっきん》は、「相続放棄《そうぞくほうき》」という手続《てつづ》きをすれば、遺《のこ》された家族《かぞく》がかえさなくてもよくなります。

ところが母《はは》はなぜか、その相続放棄《そうぞくほうき》をしていませんでした。

定《さだ》められた期日内《きじつない》に手続《てつづ》きをしないと、相続放棄《そうぞくほうき》はできなくなってしまいます。

「母《かあ》さんはなぜ、相続放棄《そうぞくほうき》しなかったんだろう」

ひとしきりあわてふためいたあとで、落《お》ちつきをとりもどした僕《ぼく》はゆっくり考《かんが》えてみました。

相続放棄《そうぞくほうき》をすると、亡《な》くなった人《ひと》が遺《のこ》したものは、お金《かね》だろうと家《いえ》だろうと受《う》けとれなくなります。そうなったら、亡《な》くなった夫《おっと》と暮《く》らした思《おも》い出《で》がつまったこの家《いえ》を、出《で》ていかねばならなくなります。母《はは》はそれが、死《し》んでもいやだったのだろうと思《おも》いました。

そして、ハッとなりました。

「母《かあ》さん、もしかして死《し》ぬつもりなんじゃないだろうか」

母《はは》はよく、「旦那《だんな》の三回忌《かいき》が終《お》わったら死《し》ぬ」みたいなことをつぶやいていたんです。

うつ病《びょう》が言《い》わせている言葉《ことば》なのだろうと、受《う》け流《なが》していたんですが、

「ひょっとしたら、あれってマジだったんじゃ……この家《いえ》を出《で》ていかされるぐらいなら死《し》のうって……」

そんな考《かんが》えが頭《あたま》をよぎりました。

改《あらた》めて僕《ぼく》は、母《はは》の家《いえ》の居間《いま》に飾《かざ》られたたくさんの写真《しゃしん》、生前《せいぜん》の夫《おっと》と世界中《せかいじゅう》のあちこちで撮《と》った写真《しゃしん》を1つひとつながめてみました。

そこには、母《はは》の幸《しあわ》せそうな顔《かお》が写《うつ》っています。

夫《おっと》のことを本当《ほんとう》に愛《あい》していたことが伝《つた》わってくる写真《しゃしん》でした。

長《なが》い長《なが》い不安《ふあん》な暮《く》らしのあとで、やっと手《て》に入《い》れた幸《しあわ》せだったのでしょう。

母《はは》はそれを失《うしな》ってしまったんです。

それからずっと、母《はは》は絶望《ぜつぼう》の淵《ふち》にいるのだと思《おも》いました。

「でも、生《い》きてもらわねば」

とにかく、まずは借金《しゃっきん》を、どうにかしなければなりません。

日本《にっぽん》には「自己破産《じこはさん》」という制度《せいど》があります。

借金《しゃっきん》を払《はら》えないことを裁判所《さいばんしょ》に申《もう》したて、それが認《みと》められると、借金《しゃっきん》を返済《へんさい》する義務《ぎむ》がなくな

るんです。

そのかわり、この家《いえ》は、とりあげられて競売《きょうばい》にかけられます。

新《あたら》しい場所《ばしょ》で、新《あたら》しい人生《じんせい》をスタートさせるのです。

母《はは》にも、人生《じんせい》を再《さい》スタートしてもらわなければなりません。

絶望《ぜつぼう》から這《は》いでて、一《いち》からやりなおしてもらわねば。

それには、母《はは》に「生《い》きよう」という気《き》持《も》ちを持《も》ってもらうことが、なにより大事《だいじ》です。

「どうやったら、母《はは》は希望《きぼう》を持《も》ってくれるのだろう」

自己破産《じこはさん》に関《かん》する、さまざまな本《ほん》を読《よ》みあさりながら、僕《ぼく》は真剣《しんけん》に考《かんが》えました。

なかなかいいアイデアが思《おも》いうかばず、いらだちましたが、

「なにか突破口《とっぱこう》が、かならずあるはずだ、あきらめたら、永遠《えいえん》に突破口《とっぱこう》は見《み》つけられない」

そう思《おも》って、しつこく考《かんが》えつづけたんです。


考《かんが》えつづけた結果《けっか》しぼり出《だ》した、ちょっと苦《くる》しいアイデアを僕《ぼく》は実行《じっこう》してみました。

まったく自信《じしん》のないアイデアでしたが、とにかく試《ため》してみなくてはと思《おも》い、母《はは》が落《お》ちついてい

るときを見《み》はからって、僕《ぼく》は母《はは》に言《い》ってみたんです。

「ねぇ、母《かあ》さん、まぜごはん作《つく》ってよ」

子《こ》どものころからずっと、母《はは》のまぜごはんは大好物《だいこうぶつ》です。

息子《むすこ》の僕《ぼく》が言《い》うのもなんですが、絶品《ぜっぴん》です。

母《はは》は黙《だま》って、まぜごはんを作《つく》ってくれました。やっぱり、うまかった。

「母《かあ》さんさぁ、店《みせ》を出《だ》そうよ。このまぜごはん、絶対行列《ぜったいぎょうれつ》になるよ」

母《はは》は、料理《りょうり》が上手《じょうず》です。

得意《とくい》なものを仕事《しごと》にできるんだと伝《つた》えることで、生《い》きていくことに希望《きぼう》を見《み》いだしてもらえるかもしれないと、僕《ぼく》は考《かんが》えたのでした。

「僕《ぼく》も手伝《てつだ》うからさ、やってみようよ」

しきりにけしかけましたが、母《はは》は「なに言《い》ってるの」と、とりあってくれません。

ちょっと気合《きあ》いを入《い》れて粘《ねば》ってみたんですが、どうにもこうにも聞《き》き入《い》れてくれませんでした。

母《はは》が生《い》きる希望《きぼう》を持《も》てるようになってから借金《しゃっきん》の話《はなし》を切《き》りだそうと考《かんが》えていたんですが、もうこうなったら直球《ちょっきゅう》を投《な》げるしかないかなと思《おも》えました。

いずれは、言《い》わなければならないことです。

僕《ぼく》は、そっと母《はは》に告《つ》げました。

「あのね、じつはね、督促状《とくそくじょう》見《み》ちゃったんだよね。借金《しゃっきん》、どうにかしないといけないよね」

これ以上《いじょう》ないっていうぐらい、気《き》まずい瞬間《しゅんかん》でした。

でも、事態《じたい》が事態《じたい》だけに、毅然《きぜん》として言《い》わなければなりません。

「破産申請《はさんしんせい》しよう。そのあと新《あたら》しく店《みせ》を出《だ》して、やりなおそうよ。破産《はさん》したあとなら、儲《もう》けても、そのお金《かね》は返済《へんさい》に充《あ》てなくていいんだよ」

僕《ぼく》がそう言《い》うと、母《はは》はそれ以上《いじょう》聞《き》きたくなかったらしく、部屋《へや》を出《で》ていこうとしました。

「いかないで！」

僕《ぼく》は強《つよ》い口調《くちょう》で言《い》いました。なんせこっちは、真剣勝負《しんけんしょうぶ》です。

「この家《いえ》を出《で》るのがいやなら、僕《ぼく》が買《か》うよ。30年《ねん》ローンで、僕《ぼく》が買《か》う。だから、破産《はさん》してやりなおそう」

長《なが》い沈黙《ちんもく》のあとようやく母《はは》は口《くち》を開《ひら》きました。

「店《みせ》なんか出《だ》して、またつぶしたらどうするのよ。そんなみっともないことできないでしょ」

母《はは》にとっては、他人《たにん》から指《ゆび》さされ笑《わら》われることは、恐怖《きょうふ》そのものです。

極貧《ごくひん》の家庭《かてい》で育《そだ》ち、兄弟姉妹《きょうだいしまい》とさえ傷《きず》つけあいながら、大人《おとな》になるまで生《い》きてきたのです。

そんな運命《うんめい》をつきやぶろうと、ワンランク上《うえ》の生活《せいかつ》を送《おく》るカリスマとなって、精神《せいしん》のバランスをあやうく保《たも》ってきた母《はは》だったのですから。

「みっともなくていい！」

そんな母《はは》の気持《きも》ちは、わかりすぎるぐらいわかったけれども、僕《ぼく》はあえて叫《さけ》びました。

「僕《ぼく》だって、みっともないって言《い》われてきたよ。醜《みにく》いって、気持《きも》ち悪《わる》いって言《い》われてきた。母《かあ》さんからもクラスメイトからも、そして、自分自《じぶんじ》身《しん》からも。それでも、生《い》きてきた。がんばってきた。母《かあ》さんだって、がんばってよ」

そう言《い》うと僕《ぼく》は、泣《な》きたい気持《きも》ちがこみあげてきて、言葉《ことば》がつまってしまいました。

本当《ほんとう》は、もっとちがうことも言《い》いたかった。

「家族《かぞく》の支《ささ》えがあれば、人《ひと》はみっともなくった

って生《い》きていけると思《おも》う、僕《ぼく》が支《ささ》えたい」

そう言《い》いたかったけれど、このときは言葉《ことば》が出《で》ませんでした。

泣《な》くのをがまんするのでせいいっぱいで、長《なが》い間《あいだ》、黙《だま》ってしまいました。

沈黙《ちんもく》のあと、おもむろに、母《はは》は言《い》ったのです。

「私《わたし》は、子《こ》どもは生《い》きがいにはならないと思《おも》って、生《い》きてきた」

ゆっくりと、低《ひく》く、つぶやくように母《はは》はそう言《い》いました。

「あんただって、私《わたし》のことをよくは思《おも》ってこなかったでしょう。少《すこ》し出《で》かけてくるから、その間《あいだ》に、あんたは自分《じぶん》のアパートに帰《かえ》りなさい。もうここにこなくたっていい。あんたに迷惑《めいわく》はかけない」

そう言《い》うと、母《はは》はハンドバッグをつかんで、扉《とびら》を開《あ》け、家《いえ》を出《で》ていきました。

今日《きょう》はもうこれ以上《いじょう》なにを言《い》っても無駄《むだ》だと思《おも》ったので、僕《ぼく》は黙《だま》って母《はは》の背中《せなか》を見送《みおく》りました。

そして長《なが》い時間《じかん》、僕《ぼく》はそのまま力《ちから》なく、すわりこんでしまったのでした。

27

奇跡《きせき》はどうしたらおきるのだろう

僕《ぼく》は今《いま》まで、何度《なんど》か奇跡《きせき》を経験《けいけん》してきました。

ばあちゃんが、死《し》のまぎわに与《あた》えてくれたビッグバン。

まったく成果《せいか》の出《だ》せなかった仕事《しごと》の、まさかの成功《せいこう》。

大将《たいしょう》やかなちゃんやキミツが僕《ぼく》にくれた、気《き》づき。

それらの奇跡《きせき》に、ピンチを救《すく》われてきたのです。

あんな奇跡《きせき》が、またおきないだろうかと、僕《ぼく》は考《かんが》えました。

「どうしたら母《はは》は希望《きぼう》を持《も》つのだろう。どこかにヒントがないだろうか」

そう胸《むね》の中《なか》でつぶやきながら、居間《いま》を見《み》わたしてみましたが、目《め》に入《はい》るのは、まぜごはんだけです。

ぼんやりと、おひつに入《はい》ったまぜごはんを僕《ぼく》はながめました。

「たぶん母《かあ》さんは、僕《ぼく》のことを信《しん》じていない。時間《じかん》をかけて母《かあ》さんを支《ささ》えてきたけれど、それでもぜんぜん信《しん》じていない。たぶん母《かあ》さんは、自分《じぶん》のことも信《しん》じていない。とうぜん、母《かあ》さんと僕《ぼく》の間《あいだ》にある絆《きずな》も見《み》えていないいんだろう。だから今《いま》、絶望《ぜつぼう》しかないんだ。でも、ほんのささやかでもいいならば、僕《ぼく》だって母《かあ》さんに幸《しあわ》せを紡《つむ》ぎだしてあげられるし、そうしようと思《おも》ってる。だから、2人《ふたり》の間《あいだ》にある絆《きずな》に目《め》をむけてほしい。このまぜごはんで、それができないだろうか」

僕《ぼく》は立《た》ちあがって、おひつに残《のこ》ったまぜごはんを、自分《じぶん》のアパートに持《も》って帰《かえ》れるように、ぜんぶタッパーにつめました。

それから僕《ぼく》は、スーパーにむかいました。

まぜごはんを作《つく》る材料《ざいりょう》を買《か》うためです。

じつは、僕《ぼく》は母《はは》が作《つく》ったのと、まったく同《おな》じ味《あじ》のまぜごはんを作《つく》れるようになっていました。

まぜごはんは、レストランのメニューにはありません。

ましてや、母《はは》と同《おな》じ味《あじ》のまぜごはんなんて、どんな店《みせ》でも食《た》べられません。

食《た》べたかったら、自分《じぶん》で作《つく》れるようになるしかなかったんです。

四畳半《よじょうはん》ひと間《ま》のボロアパートで暮《く》らしながら働《はたら》いていたころから、僕《ぼく》は失敗《しっぱい》をくりかえしながら研究《けんきゅう》を重《かさ》ねてきました。

まぜごはんなら、まず失敗《しっぱい》せずに作《つく》れるようになっていたんです。

母《はは》の家《いえ》で、僕《ぼく》はまぜごはんを作《つく》りはじめました。

「母《かあ》さんはわかってくれるだろうか、僕《ぼく》と母《かあ》さんがずっと、まぜごはんでつながっていたことを。それが切《き》れたことはないことを。僕《ぼく》が生《い》きているかぎり、ひとりになることはないんだってことを」

そんなことを考《かんが》えながらも、まぜごはんはばっちり、母《はは》と同《おな》じ味《あじ》に作《つく》ることができました。

僕《ぼく》はそれをおひつに入《い》れ、母《はは》が作《つく》ったほうのまぜごはんを持《も》って自分《じぶん》のアパートに帰《かえ》りました。


翌日《よくじつ》は、休日《きゅうじつ》でした。

昼間《ひるま》のうちに母《はは》に会《あ》いたいと思《おも》った僕《ぼく》は、

「天気《てんき》がいいから、少《すこ》し散歩《さんぽ》しよう」

と電話《でんわ》で言《い》って、隅田川《すみだがわ》のほとりの遊歩道《ゆうほどう》に母《はは》を呼《よ》びだしました。

絶対《ぜったい》にかるい空気《くうき》にはならないとわかっていたので、せめて明《あか》るい青空《あおぞら》の下《した》で話《はな》したかったんです。

母《はは》といっしょに、川《かわ》と遊歩道《ゆうほどう》の木々《きぎ》をながめながら、少《すこ》し黙《だま》って歩《ある》きました。

川面《かわも》がキラキラと輝《かがや》いて、かすかに海《うみ》の匂《にお》いがしました。

木漏《こも》れ日《び》が地面《じめん》に美《うつく》しい影《かげ》を落《お》としていました。

僕《ぼく》は母《はは》に、文芸誌《ぶんげいし》の新人賞《しんじんしょう》に応募《おうぼ》して、ファイナリストまで残《のこ》ったけれど、結局落《けっきょくお》ちてしまった話《はなし》をしました。

「でもね、ファイナリストに残《のこ》っただけでも、けっこうすごいことなんだって。それまで自分《じぶん》の書《か》いたものを世間《せけん》の人《ひと》が評価《ひょうか》してくれるなんて、思《おも》ってもみなかったんだけど、そういうことだってあるんだってわかった。自信《じしん》なんかぜんぜんなかったけど、ちょっとそれで自信《じしん》がついてきたかもしれない」

母《はは》は、まったく僕《ぼく》を見《み》ませんでした。

そんな母《はは》に話《はな》しかけながら、僕《ぼく》はずっと本題《ほんだい》に入《はい》るチャンスをうかがっていました。

母《はは》が顔《かお》をあげて、水上《すいじょう》バスが通《とお》りすぎるのを見《み》ているとき、僕《ぼく》は話《はなし》を切《き》りだしました。

「母《かあ》さんさ、最近《さいきん》ちょっと、自信《じしん》なかったんじゃない？　いろいろあって、弱《よわ》ってたからさ」

母《はは》は、なにも答《こた》えませんでした。

でも、僕《ぼく》は話《はな》すのをやめませんでした。

なんとか母《はは》に声《こえ》を出《だ》させようと、答《こた》えやすいことを聞《き》いてみたんです。

「母《かあ》さん、今朝《けさ》はなにを食《た》べたの？」

「まぜごはんの残《のこ》りよ。あんた、たくさん残《のこ》していっちゃうんだもの。持《も》って帰《かえ》ってくれればよかったのに」

母《はは》は、ようやく口《くち》を開《ひら》きました。

「母《かあ》さんのまぜごはんは、ちゃんと持《も》って帰《かえ》ったよ。母《かあ》さんが今朝《けさ》食《た》べたのは僕《ぼく》が作《つく》ったやつ」

僕《ぼく》がそう言《い》うと、母《はは》はあっけにとられたような顔《かお》をしました。

むりもありません。

そんなことする人《ひと》、まず、いませんから。

「母《かあ》さんのと、同《おな》じ味《あじ》だったでしょ」

僕《ぼく》は、今《いま》こそ母《はは》への思《おも》いをぶつけなければと思《おも》いました。

でも、本当《ほんとう》の気持《きも》ちを言《い》おうとすると、感情《かんじょう》がこみあげてしまって泣《な》きそうです。

母《はは》の前《まえ》で泣《な》くなんて、大《だい》の大人《おとな》にとっては非常事態《ひじょうじたい》です。

「母《かあ》さん、僕《ぼく》さぁ」

せいいっぱいこらえながら、僕《ぼく》は言《い》いました。

「ずっと母《かあ》さんのことを憎《にく》んでた。死《し》ねばいいと思《おも》ってた。地獄《じごく》へ落《お》ちろと思《おも》ってた。でも、大《だい》好物《こうぶつ》のまぜごはんを食《た》べたかったから、母《かあ》さんと同《おな》じ味《あじ》に作《つく》れるようになるしかなかった」

一気《いっき》にしゃべろうとすると、本当《ほんとう》に泣《な》いてしまいそうでした。

ゆっくり話《はな》すしかありません。

とぎれとぎれに話《はな》す僕《ぼく》に母《はは》は、

「そう」

と、ひと言《こと》だけつぶやきました。

「ねぇ、母《かあ》さん。自己破産《じこはさん》しようよ。自己破産《じこはさん》して、生《い》きていこうよ。ここまでがんばってきたんでしょ、だれも母《かあ》さんのこと笑《わら》わないし、責《せ》めないよ。少《すく》なくとも、僕《ぼく》はね」

僕《ぼく》はもう、涙《なみだ》をこらえるのが限界《げんかい》になってきていました。

「破産《はさん》しても、なにも変《か》わらない。クレジットカードは使《つか》えなくなるけど、それぐらいいいじゃん。ぜんぜん、恥《は》ずかしくないよ。料理屋《りょうりや》をやろうよ、どうしてもいやなら、ほかの仕事《しごと》だっていい。どこかの旅館《りょかん》で仲居《なかい》さんやったっていいじゃん。母《かあ》さんて、なんでもワンランク上《うえ》をやる人《ひと》だから、すぐにカリスマ仲居《なかい》になって、取《と》り巻《ま》きがいっぱいできるよ」

もう、泣《な》くのをがまんするのはむりで、涙《なみだ》が鼻《はな》を伝《つた》い、あごを伝《つた》い、ぼたぼた地面《じめん》に落《お》ちていきました。

自分《じぶん》の顔《かお》を、自分《じぶん》で見《み》ることはできないけれど、たぶんすごいことになってしまっていたと思《おも》います。

なにか話《はな》そうとすると、熱《あつ》いものがこみあげてしまい、話《はな》しつづけるのが困難《こんなん》でした。

でも、これだけは言《い》わなくちゃと思《おも》って、ふりしぼるように、吐《は》きだすように言《い》ったんです。

「母《かあ》さんが、どこでなにをしてたって、僕《ぼく》は母《かあ》さんを大好《だいす》きでいるからさ」

隅田川《すみだがわ》の水《みず》が、光《ひかり》をはねかえしながら、ゆったりと、遠《とお》くまで流《なが》れていました。

ふと気《き》づくと、母《はは》も泣《な》いていました。

はじめて見《み》る表情《ひょうじょう》をうかべた母《はは》が、目《め》に焼《や》きつくような気《き》がしました。

そして、はじめて聞《き》く言葉《ことば》が、母《はは》の口《くち》から、僕《ぼく》の耳《みみ》に届《とど》きました。


「ありがとう。あんたがいて、よかった」

その日《ひ》から、母《はは》は暮《く》らしをたてなおしはじめ、自己破産《じこはさん》の申請《しんせい》をして、新《あたら》しい仕事《しごと》の計画《けいかく》もたてるようになりました。

体調《たいちょう》も、みるみる回復《かいふく》していきました。
生《い》きることに、希望《きぼう》を持《も》ちはじめたんです。

28 夢《ゆめ》は案外《あんがい》、叶《かな》う

それから、十数年《じゅうすうねん》の時《とき》がすぎました。

僕《ぼく》は今《いま》、漫画《まんが》や小説《しょうせつ》やコラムを書《か》くことを仕事《しごと》にしています。

たくさんの読者《どくしゃ》さんが僕《ぼく》を応援《おうえん》してくれているんです。

作《つく》った絵本《えほん》をばあちゃんに見《み》せていたころと同《おな》じ気持《きも》ちで、読者《どくしゃ》さんひとりひとりにむけて、僕《ぼく》は毎日《まいにち》、作品《さくひん》を作《つく》っています。

若《わか》くして才能《さいのう》を発揮《はっき》して、スターになるような人生《じんせい》ではなかったけれど、こんなふうに、何度《なんど》もあきらめたりほったらかしたりした夢《ゆめ》が、じょじょに叶《かな》っていくような、そんな叶《かな》い方《かた》もあるんだなぁと、しみじみ思《おも》ったりしています。

昔《むかし》から、僕《ぼく》は書《か》くことが大好《だいす》きでした。

大好《だいす》きなことが、なにかひとつあるといいなって、僕《ぼく》は思《おも》うんです。

大好《だいす》きなことは、希望《きぼう》を与《あた》えつづけてくれます。

つねに「生《い》きろ」という声《こえ》を自分《じぶん》に届《とど》けてくれるんです。

つらいこともあったけど、なんとか生《い》きてきた僕《ぼく》は今《いま》、家族《かぞく》と呼《よ》べる人《ひと》と家庭《かてい》を築《きず》いて、ささやかだけれど、温《あたた》かい我《わ》が家《や》で暮《く》らしています。

猫《ねこ》も3匹《びき》います。

大将《たいしょう》や、かなちゃん、そしてキミツとのつきあいは、もう20年《ねん》になるのか30年《ねん》になるのか、すぎた年《とし》を数《かぞ》えてもあまり意味《いみ》がないぐらいになってしまっています。

あんまりにも、身近《みぢか》な人《ひと》すぎて。

大将《たいしょう》とかなちゃんはもう東京《とうきょう》にもどっていて、2人《ふたり》の娘《むすめ》がいます。

僕《ぼく》がたずねていくと、2人《ふたり》とも「おかえり」と言《い》ってくれるんです。

身内《みうち》としか思《おも》えないぐらい、彼《かれ》らが大好《だいす》きです。

今《いま》はもう、ざんねんながら、母《はは》はこの世《よ》にはいません。

暮《く》らしも順調《じゅんちょう》にいっていたし、体《からだ》もすっかり元気《げんき》になっていたんですが、ある日《ひ》、お迎《むか》えがきて、旅《たび》だちました。

でも、短《みじか》い間《あいだ》だったけれど、母《はは》と親子《おやこ》の時間《じかん》をすごすことができました。

母《はは》との思《おも》い出《で》の中《なか》にそんな時間《じかん》が持《も》てたことを、幸《しあわ》せだと思《おも》っています。


僕《ぼく》が生《う》まれ育《そだ》った町《まち》には、東京《とうきょう》スカイツリーが建《た》ちました。

東京《とうきょう》じゅうのあちこちから見《み》える、すごいタワーです。

僕《ぼく》がいま住《す》んでいる町《まち》からも、ばっちり見《み》えるんです。

ここが、おまえの生《う》まれ育《そだ》ったところだぞと言《い》っているかのように、高《たか》く高《たか》くそびえ立《た》っています。

母《はは》と暮《く》らしたあの家《いえ》があった町《まち》から、ばあちゃんに絵本《えほん》を見《み》せていたあの町《まち》から、その姿《すがた》をいつも見《み》せてくれているのです。

母《はは》もばあちゃんも、もう、この世《よ》にはいません。

そして、生《い》きているのがつらくて泣《な》いていた自分《じぶん》も、もう、どこにもいません。

いろんなことがあったけれど、僕《ぼく》は変《か》わりました。

人《ひと》は変《か》わっていけるんです。

どんなに人《ひと》から嫌《きら》われても、どんなに自分《じぶん》が嫌《きら》いでも、人《ひと》は変《か》われます。

変《か》われる、それが若《わか》さなんです。

変《か》われる、それが命《いのち》なんです。

どんなに暗黒《あんこく》な思春期《ししゅんき》を送《おく》ったとしても、人《ひと》は変《か》われる。

大人《おとな》になるまではそんなこと、とてもとても信《しん》じられませんでしたが、今《いま》は本当《ほんとう》にそう思《おも》います。

命《いのち》あるかぎり、希望《きぼう》を捨《す》てさえしないかぎり、変《か》わっていけるのだと僕《ぼく》は思《おも》います。

東京《とうきょう》スカイツリーを見《み》ると、僕《ぼく》は、施設《しせつ》から母《はは》やばあちゃんに手紙《てがみ》を書《か》いたように、天国《てんごく》に手《て》紙《がみ》を出《だ》したくなります。

出《だ》せそうな気《き》がしてしまうんです。

東京《とうきょう》スカイツリーを見《み》ると、まぜごはんを食《た》べたくなります。

そして、東京《とうきょう》スカイツリーの脇《わき》を流《なが》れる隅田川《すみだがわ》の岸辺《きしべ》で母《はは》と語《かた》りあったことを思《おも》いだします。

僕《ぼく》にとっては、さまざまなことを乗《の》り越《こ》えて生《い》きてきたことを思《おも》いださせてくれる記念塔《きねんとう》です。

勝手《かって》に自分《じぶん》の記念塔《きねんとう》にしちゃだめなのかもしれませんが、もうしわけないけれど、どうしても
そう思《おも》ってしまうんです。

※本書《ほんしょ》は、２０１８年《ねん》６月《がつ》に刊行《かんこう》されたコミックエッセイ『新版《しんぱん》　母《かあ》さんがどんなに僕《ぼく》を嫌《きら》いでも』（角川書店《かどかわしょてん》）をもとに書《か》かれた『手記《しゅき》　母《かあ》さんがどんなに僕《ぼく》を嫌《きら》いでも』（ＰＨＰ研究所《けんきゅうじょ》）を、角川《かどかわ》つばさ文庫《ぶんこ》向《む》けに改稿《かいこう》したものです。

あとがきにかえて

いま、家族《かぞく》やクラスメイトに、つらいめにあわされている、あなた。

その状況《じょうきょう》を脱《ぬ》けだすために、必要《ひつよう》なものはなんだと思《おも》いますか？

勇気《ゆうき》？　いいえ、必要《ひつよう》なのは勇気《ゆうき》じゃありません。

そもそも、勇気《ゆうき》は人《ひと》からもらうものです。その勇気《ゆうき》を与《あた》えてくれもせずに、「勇《ゆう》気《き》を出《だ》せ」なんて言《い》う人《ひと》がいますが、ないものを出《だ》せるわけがありません。

いまあなたは、チーターに追《お》われるウサギみたいに、危《あぶ》ない目《め》にあっています。そんなとき、ウサギは勇気《ゆうき》を出《だ》してチーターと戦《たたか》うでしょうか。

そんなことはありませんね。ウサギは、必死《ひっし》で逃《に》げて、身《み》を隠《かく》そうとします。

逃《に》げるなんて卑怯者《ひきょうもの》のすることみたいによく言《い》われますが、厳《きび》しい自然界《しぜんかい》で弱《よわ》い動物《どうぶつ》が生《い》きのびるためには、逃《に》げることはいちばん大切《たいせつ》なことなのです。

勇気《ゆうき》を出《だ》すときは、大人《おとな》になってからだってあります。子《こ》どもであるいま、無理《むり》して勇気《ゆうき》なんか出《だ》そうとしなくていいんです。

あなたは、逃《に》げるべきです。では、あなたはどこに逃《に》げたらいいのでしょう。

それは、人《ひと》によってそれぞれ違《ちが》います。どこに、どんなふうに逃《に》げたらいいのか、相談《そうだん》できる人《ひと》がいます。

知《し》っておいてください。あなたのような子《こ》を助《たす》けたいと思《おも》っている人《ひと》は、あなたが考《かんが》えているより、ずっとたくさんいるんです。ぜひ、そんな人《ひと》たちに電話《でんわ》をかけて、あなたのことを話《はな》してください。


0120-0-78310（なやみ言《い》おう）

これは、子供SOS《こどもエスオーエス》ダイヤルの電話番号《でんわばんごう》です。

電話《でんわ》は24時間《じかん》、無料《むりょう》でかけられます。あなたの名前《なまえ》を言《い》わなくたっていいんです。「そんなの自分《じぶん》が悪《わる》いんだろ」なんて、誰《だれ》も言《い》いません。あなたが自分《じぶん》をどう思《おも》っていようと、あなたみたいな子《こ》をたくさん知《し》っていて、あなたが悪《わる》いわけじゃないんだということもわかっている人《ひと》につないでくれます。

あなたに必要《ひつよう》なのは勇気《ゆうき》じゃなくて、電話《でんわ》なんです。

クラスメイトがつらいめにあわされてるのに、なにもできないあなた。

あなたに必要《ひつよう》なものも、勇気《ゆうき》じゃありません。あなただって、強《つよ》くはない。だから、なにもできなくて当《あ》たり前《まえ》なんです。そっと心《こころ》を痛《いた》めているだけでも、あなたはすばらしい人《ひと》なんですよ。

上《うえ》に書《か》いた電話番号《でんわばんごう》をメモして、つらいめにあっている子《こ》に渡《わた》してあげてください。このあとがきを写《うつ》してくれてもいいです。あなたに必要《ひつよう》なのは、メモです。

クラスメイトをいじめるのがやめられない、あなた。

ある意味《いみ》、あなたがいちばん苦《くる》しんでいることでしょう。自分《じぶん》の心《こころ》の中《なか》に、自分《じぶん》では歯《は》が立《た》たないものが生《う》まれ、それに呑《の》み込《こ》まれそうになっているのかもしれません。でも、いまならきっと、なんとかなりますよ。あなたの苦《くる》しみをわかってくれる人《ひと》は、絶対《ぜったい》にいます。

あなただけは勇気《ゆうき》を出《だ》して、上《うえ》に書《か》いた電話番号《でんわばんごう》に電話《でんわ》をかけてください。そして、あなたに起《お》きていることを話《はな》してください。

あなたには、できます。あなたは、弱《よわ》くないんですから。

歌川《うたがわ》たいじ

角川つばさ文庫

歌川たいじ／著
東京都生まれ。小説とコミックの両方で活躍する、気鋭のストーリーテラー。コミックエッセイ『母さんがどんなに僕を嫌いでも』（KADOKAWA）は大きな話題を呼び、2018年秋、映画化される。小説作品に『やせる石鹸』『花まみれの淑女たち』、コミック作品に『母の形見は借金地獄　全力で戦った700日』（すべてKADOKAWA）、『じりラブ』（ホーム社）などがある。

ののはらけい／絵
東京都在住の、駆け出しイラストレーター。1988年11月10日生まれ。この本が、初のイラスト担当作品となる。家のうさぎと、おいしいごはんが大好き。

角川《かどかわ》つばさ文庫《ぶんこ》　Dう1-1

角川《かどかわ》つばさ文庫版《ぶんこばん》

母《かあ》さんがどんなに僕《ぼく》を嫌《きら》いでも

著《ちょ》　歌川《うたがわ》たいじ
絵《え》　ののはらけい

2018年10月15日　初版発行
2018年11月15日　再版発行

発行者　郡司 聡
発　行　株式会社KADOKAWA
〒102-8177　東京都千代田区富士見 2-13-3
電話　0570-002-301（ナビダイヤル）
印　刷　暁印刷
製　本　BBC
装　丁　ムシカゴグラフィクス

ISBN978-4-04-631827-5　C8295　N.D.C.916　207p　18cm

読者のみなさまからのお便りをお待ちしています。下のあて先まで送ってね。
いただいたお便りは、編集部から著者へおわたしいたします。

〒102-8078　東京都千代田区富士見 1-8-19　角川つばさ文庫編集部